Hansen/Pausewang · Umdenken lernen

Hartmut Hansen/Freya Pausewang

Umdenken lernen

Praktische Hilfen für eine Erziehung zum Überleben

Kösel-Verlag München

CIP-Kurztitelaufnahme der Deutschen Bibliothek

Hansen, Hartmut:
Umdenken lernen: prakt. Hilfen für e. Erziehung zum
Überleben / Hartmut Hansen; Freya Pausewang. -
München: Kösel, 1982.
ISBN 3-466-30237-4

NE: Pausewang, Freya:

ISBN 3-466-30237-4

Satz: Fotosatz Heinz Mayr, Dachau
Druck und Bindung: Kösel, Kempten
Umschlaggestaltung: Design Team, München
Umschlagfoto: Rudi Otto, Bavaria-Verlag, Gauting

Inhalt

Vorwort 7

Teil 1: Ausgangssituation 11

1 Standort der Pädagogik 11
2 Zukunftsproblematik 17
Weltbevölkerung 17
Güterverteilung und Ernährungsproblem 19
Verringerung der Rohstoffreserven 21
Umweltverschmutzung 24
Interdependenz der einzelnen Problemfelder 25
3 Ursachen der lebensbedrohenden Krise 26
Motivation für heutige Veränderungen: Profit und Macht streben 27
Priorität des Leistungsaspektes 30
Zentralistische Struktur und ihre Folgen 31
Denken und Handeln in kurzen Zeiträumen 34
Hoher Energiebedarf 36
Verschwendung von Material 37
Starke Verschmutzung 39
Unzureichende Anwendung technischer Möglichkeiten 41
Störender Eingriff in das biologische Gleichgewicht . 42
Finanz-wirtschaftliche Interessen als ausschlaggebendes Motiv für Fortschrittsdenken 43
Einfluß der gesellschaftlichen Einstellung auf die psychische Entwicklung und die Erziehung des Kindes . . . 46

Teil 2: Notwendige Veränderungen und ihre gesellschaftspolitischen Konsequenzen 51

4 Veränderung der Wirtschaft und der Lebensweise . . 53
Ökologisch verantwortliche Wirtschaft und Lebensweise 55
Dem Menschen gegenüber verantwortliche Wirtschaft und Lebensweise 57
Weltpolitisch verantwortliche Wirtschaft und Lebensweise 61

Vom regionalen Handeln zu weltweiter Solidarität . . 64
Vom nahen Zeitrahmen zum weitgespannten Zeitrahmen 67
5 Veränderungen der Einstellungen und Grundhaltungen 70
Von materieller Befriedigung zu emotionaler Befriedigung 72
Von der Masse zur Individualität 75
Vom Konkurrenzdenken zum Kooperationsdenken . . 77
Vom Überlegenheitsgefühl über die Natur zur Bereitschaft der Einordnung in die Natur 80
Von Abhängigkeit zu mitbestimmender Verantwortlichkeit 82
6 Veränderungen im gesellschaftlichen Zusammenleben 85
Veränderung des Reichtums und der Güterverteilung 86
Veränderter Umgang mit der Arbeit 89
Kleine überschaubare Lebensgemeinschaften 91

Teil 3: Pädagogische Ansätze 95

7 Zielsetzungen 96
Lernfähigkeit 98
Beobachtungsfähigkeit, Aufgeschlossenheit, Kritikbewußtsein 103
Initiative und Handlungsbereitschaft 107
Verantwortungsübernahme 111
Kooperation 114
Kreativität 117
Werthaltungen 120
Bezug zu lebens- und naturbedingten Vorgängen . . . 125
8 Methodische Möglichkeiten 131
Grundhaltung des Erziehers 136
Erziehungsstil 140
Situationsorientiertes Vorgehen 146
Funktionsorientierte Schulung 153
Gespräche 159
Spiel 168
Medien 172
Arbeitshinführung 179
Heterogene Lerngruppen 184
9 Ernstcharakter der erzieherischen Situation 189

Literatur 193

Vorwort

In diesem Buch haben wir den Versuch unternommen, mögliche Ansätze für eine zukunftsorientierte Pädagogik darzustellen. Dabei wird insbesondere das Arbeitsfeld des Erziehers bzw. des Sozialpädagogen ins Blickfeld genommen.
Ausgangspunkt ist eine Analyse unserer gegenwärtigen Situation, wobei das Augenmerk besonders auf die Tatsache gerichtet wird, daß die heutige Industriegesellschaft eine Lebensweise führt, die das Überleben der Menschheit in Frage stellt. Zunehmende Weltbevölkerung, Verknappung der Nahrung sowie der Rohstoffe und Umweltverschmutzung sind einige der Bereiche, die eine veränderte Lebensweise erfordern. Der Öffentlichkeit wird heute ganz allmählich bewußt, daß Veränderungen eintreten müssen, und es finden immer mehr Diskussionen darüber statt, wie diese erreicht werden könnten. In die Überlegungen und Planungen der Pädagogik wird diese Problematik dagegen noch kaum einbezogen. Gerade hier ist die Diskussion aber besonders erforderlich, denn Gesellschaften können weitgehend über Erziehung verändert werden. Wie das Kind auf solche Veränderungen vorbereitet werden kann, soll in diesem Buch in Ansätzen durchdacht und zur Diskussion gestellt werden.
Um pädagogische Strategien entwickeln zu können, muß dem eigentlichen pädagogischen Teil eine Darstellung heutiger Probleme und ihrer Hintergründe vorangehen. Dabei ist vor allem der einzelne Mensch mit seiner Lebensweise zu sehen, da der Pädagoge ihn zunächst erreicht. Veränderungen in Einstellungen und Verhaltensweisen der einzelnen sind am ehesten zu erwarten und werden auf die Gesamtgesellschaft Einfluß nehmen.
Wirtschaftspolitische Einstellungen und Auswirkungen

werden nur insoweit einbezogen, als sie den einzelnen beeinflussen bzw. auch vom einzelnen unterstützt und gefördert werden. Eine gesonderte Analyse des gesellschaftspolitischen Komplexes wird nicht vorgenommen. Auch eine Diskussion der Möglichkeiten, wie Eingriffe in gesellschafts- und wirtschaftspolitische Machtstrukturen erfolgen können, ist nicht Anliegen dieses Buches. Allerdings wird über die Veränderung des einzelnen eine Veränderung der Gesellschaft und damit der Wirtschaft angestrebt. Da heutige Machtstrukturen durch vielseitige Verquickungen äußerst konstant sind, erscheint der gangbarere Weg zu einer Veränderung derjenige zu sein, der vom einzelnen ausgeht. Auf die Initiative der wirtschaftlichen und politischen Machtträger zu warten, dürfte eine Veränderung erheblich verzögern, wenn nicht sogar unmöglich machen.
Wichtig ist, daß nicht nur einzelne die brennenden Probleme erkennen, sondern daß jedes Mitglied der Gesellschaft erreicht wird. Wenn es gelingt, die Menschen für entstehende Krisen und Gefahren zu sensibilisieren, kann eine gesamtgesellschaftliche Einstellungs- und Verhaltensänderung erhofft werden. So ist es beispielsweise notwendig, daß die verschiedenen Beziehungen zwischen der Gesellschaft und jedem einzelnen deutlich gemacht werden. Der pädagogisch interessierte Leser wird - wenn er nicht gewohnt ist, seine pädagogische Arbeit in einem gesellschaftlichen Gesamtrahmen zu sehen - auf den ersten Blick vielleicht Mühe haben, die Notwendigkeit der langen Hinführung zu den pädagogischen Konsequenzen zu erkennen. Bei der Auseinandersetzung mit den Problemen wird er aber nachvollziehen können, daß eine zukunftsorientierte Pädagogik nicht ohne gesellschaftliche Zusammenhänge gedacht und diskutiert werden kann.

Um dem Leser theoretische Gedankengänge zu veranschaulichen, werden häufig Beispiele und Detaillierungen eingeschoben, die in einem kleineren Schriftgrad stehen. Das Lesen

dieser Textteile ist für denjenigen, der mit der Materie vertraut ist, nicht unbedingt erforderlich. Sie dienen der Konkretisierung des Hauptteils.
Darüber hinaus wird der Leser durch Arbeitsaufgaben veranlaßt, die Gedankengänge aktiv zu verarbeiten, weiterzudenken und Konsequenzen für sein eigenes Leben sowie die pädagogische Praxis abzuleiten. Dabei wird unterschieden zwischen Aufgaben, die individuell, mit einzelnen Partnern oder in Gruppen zu bearbeiten sind. Das Buch eignet sich daher auch für gemeinsames Lesen in Schulklassen, in Jugendgruppen oder im Team pädagogischer Einrichtungen.
Die Verfasser sind dankbar für Rückmeldungen über die Erfahrungen bei der Auseinandersetzung mit dem Buch.

Mainz und Schlangenbad, im März 1982 Hartmut Hansen
Freya Pausewang

Teil 1: Ausgangssituation

Wenn erkannt wird, daß die Gesellschaft auf Gefahren zusteuert, muß der Pädagoge hellhörig werden. Er wird sich gefordert sehen, seine Bezugsgruppe so zu beeinflussen, daß er den Beitrag leistet, der ihm aus seinen beruflichen Gegebenheiten möglich wird. Das setzt allerdings voraus, daß der Erzieher sich von den gesellschaftlichen Entwicklungen betroffen fühlt und seine Betroffenheit mit seiner beruflichen Verantwortung verbindet.
Um den richtigen Ansatz für pädagogisches Handeln zu finden, muß er zunächst die bestehende Situation erfassen und ausreichend analysieren. Hierbei wird er sowohl die gesellschaftlichen Gegebenheiten wie auch die Hintergründe der äußerlich sichtbaren Erscheinungen untersuchen. Bevor er pädagogische Maßnahmen gezielt einsetzen kann, muß er sich klarmachen, welchen erzieherischen Einfluß er hat, wo er steht und wo er sich selbst mit seinen Einstellungen in gesellschaftliche Abläufe eingeordnet fühlt. Wenn er diesen Bewußtmachungsprozeß durchlaufen hat, kann er Ansätze für Kursänderungen in der Erziehung finden.

1 Standort der Pädagogik

Die schnelle technische Entwicklung und die damit verbundenen technischen Möglichkeiten haben unser Selbstbewußtsein in den Industrieländern geprägt. Die Einschätzung unserer Leistungsfähigkeit leiten wir häufig von diesem technischen Entwicklungsstand, nicht aber von anderen Ent-

wicklungsbereichen ab. Beispielsweise sind im sozialen Bereich keine vergleichbaren Fortschritte zu verzeichnen, wir ziehen Qualifikationen aus diesem Bereich zur Einschätzung unseres Könnens aber auch kaum heran.
Der heutige Mensch fühlt sich früheren Generationen gegenüber erhaben, weil es ihm gelungen ist, durch sein Wissen und seine Erkenntnisse viele Einzelprobleme zu lösen und sich eine bequemere Lebensweise zu verschaffen. Er sieht sich deshalb als leistungsfähig und fortschrittlich an. Die Bestätigungen, die er durch seine Erfolge erhielt, geben ihm ein Überlegenheitsgefühl und eine Sicherheit, weiteren Problemen gewachsen zu sein.
Allmählich erkennen wir unsere Grenzen. Die Wissenschaften sind in Forschung und Praxis weitgehend voneinander isoliert entwickelt worden. Das führte dazu, daß innerhalb der einzelnen Disziplinen ein großer Erkenntniszuwachs zu verzeichnen war, die Verbindungen zu anderen Disziplinen mit diesem Erkenntnisfortschritt aber nicht standgehalten haben. Hinzu kommt, daß Forschungen vielfach aus gegenwärtigen Bedürfnissen entwickelt werden, deren Hintergründe und Konsequenzen man zu wenig erkennt und berücksichtigt. Dadurch sind die Fortschritte einseitig und von augenblicklichen und individuellen Bedürfnissen geprägt.

Der Aspekt der Zukunft wurde bisher kaum und wird auch jetzt noch viel zu wenig gesehen, so daß Entwicklungen entstehen, deren negative Folgen zu spät erkannt werden. Diese wissenschaftliche Arbeitsweise löst Wirkungen aus, die ungewollte und zu wenig beachtete Veränderungen hervorrufen. Der Fortschritt auf der einen Seite kann deshalb zu unbeabsichtigten und oft nicht mehr korrigierbaren Belastungen führen, die gesamtgesellschaftliche Auswirkungen haben. Dadurch erleben wir Problemsituationen und Entwicklungen, die uns erst im Nachhinein die tiefergehenden Zusammenhänge erfassen lassen und deren Folgen häufig nicht mehr kontrollierbar sind.

»Die Berechnungen der Ingenieure (bei der Umgestaltung und Nutzung eines Tales, Anmerkung der Verfasser) haben gestimmt: Der Bach tritt nicht mehr übers Ufer, der Starkstrom wird weitergeleitet, die Straße hält dem Verkehr stand. Nur die Ausflügler kommen nicht mehr, sie haben eine Oase mehr verloren. In den Gemeinderäten der Gegend ärgert man sich zu spät: über die früheren Gemeinderäte und über die Ingenieure, die die Technisierung des Tals und seine Verödung vorangetrieben und die landschaftlichen und sozialen Folgen ihres Tuns kaum bedacht haben« (*Arbeitsgruppe Vorschulerziehung* I, S. 9).
Die beauftragten Fachdisziplinen haben ihre Aufgabe bewältigt. Die Notwendigkeit, weitere Disziplinen einzubeziehen, zum Beispiel Biologie, Soziologie, Psychologie, wurde weder im Auftrag noch in der Durchführung erkannt. Entstanden ist der Auftrag aus dem augenblicklichen Bedürfnis, Produktion zu steigern, naturbedingte Einwirkungen mit negativen Folgen auszuschalten, Arbeitsprozesse zu ermöglichen bzw. zu erleichtern. Die Entscheidungen wurden unter dem Aspekt materiellen Gewinns getroffen. Diese Einstellung entstammt heutiger gesellschaftlicher Wertordnung.

Im allgemeinen entspringen Bedürfnisse der gesellschaftlichen Wertskala. Werte, die in der jeweiligen Zeit hoch eingeschätzt werden, bestimmen weitgehend das gesellschaftliche Handeln. Werte, die dagegen einen niedrigen Rang haben, werden weniger berücksichtigt. Dadurch werden Entscheidungen nur aus der Eingeschränktheit vorhandener Einstellungen getroffen. Sie sind damit einseitig bestimmt. Nebenwirkungen, gesamtgesellschaftliche Betrachtungen und Zukunftsaspekte werden zu wenig einbezogen.
Allmählich ist zu bemerken, daß sich das Bewußtsein gegenüber forschungsbedingten Entwicklungen ändert. Man wird hellhöriger, kritischer und nicht mehr so leichtgläubig gegenüber dem, was bisher als Fortschritt angesehen wurde. (In dem Beispiel trifft das für die Gemeinderäte zu.) Erst mit diesem veränderten Bewußtsein können wir uns heute langsam von dem bisher gesellschaftlich anerkannten Fortschrittsdenken lösen.

Bezogen auf die Pädagogik finden wir bis jetzt auch weitgehend eine am Herkömmlichen festhaltende Denkrichtung

vor. Hier wird der Bezug zur Gesellschaft und zu anderen Wissenschaften ebensowenig erkannt und hergestellt. Dazu kommt, daß die Pädagogik besonders stark von der jeweiligen zeitbestimmten gesellschaftlichen Wertskala beeinflußt wird und dadurch ihr Denken, Forschen und Handeln den Charakter ihrer Zeit trägt. Damit wird sie fixiert auf die jeweilige gesellschaftliche Situation. Beispielsweise werden in einer Zeit, in der wirtschaftliche Leistung und ökonomische Werte an oberster Stelle der gesellschaftlichen Anerkennung stehen, pädagogische Ziele für das Kind (damit für den Erwachsenen der nächsten Generation) aus dieser Grundeinstellung heraus entwickelt.
Ein weiterer Grund für die enge Sicht der Pädagogik ist, daß sie in ihrer Arbeit - stärker in der praktischen als in der theoretischen - eine individuelle Betrachtungsweise hat. Das heißt, sie legt ihr Augenmerk vorrangig auf die Erziehung des einzelnen Kindes bzw. der jeweiligen Gruppe, sieht ihre Verantwortung für die Gesellschaft und die sich bildenden gesellschaftlichen Einstellungen aber viel zu wenig. Die Pädagogik erkennt häufig nicht, daß sie in ihrer Ausrichtung vom jeweiligen gesellschaftlichen Denken geprägt ist. Deshalb kann sie die wechselseitige Wirkung von Gesellschaft und Erziehung in ihrer Arbeit nicht umfassend berücksichtigen.
Am Beispiel des Berufsbildes des Erziehers sei dies verdeutlicht: In der Ausbildung werden die gesellschaftlichen Belange seiner Arbeit wenig einbezogen. Er kann sie deshalb in seinem Beruf nicht ausreichend erkennen. Er sieht sich selbst häufig nicht als Glied der Gesellschaft, das von den augenblicklichen gesellschaftlichen Einstellungen geprägt ist. Je weniger ihm das bewußt ist, desto stärker ist er darin eingebunden und damit in seiner pädagogischen Handlungsweise vorbestimmt. Wenn beispielsweise die Grundeinstellungen der Gesellschaft von Konkurrenz geprägt sind, unterliegt er der Gefahr, in seiner Arbeit davon beeinflußt zu werden. Er könnte unter anderem dazu verleitet werden, seine Arbeit mit der des Mitarbeiters zu vergleichen. Damit gibt er

unreflektiert den Kindern ein Vorbild weiter, das den gesellschaftlichen Werten entspricht. Darüber hinaus besteht die Gefahr, daß seine Arbeit verflacht, weil nur Meßbares vergleichbar ist und individuelle Merkmale zu kurz kommen.
Das auf das einzelne Kind bezogene Vorgehen zeigt sich beispielsweise an der Förderung der Kreativität, die der Erzieher in der pädagogischen Einrichtung verwirklicht. Er schult die Kreativität häufig nur im musischen Bereich. Kreative Problemlösungen für Alltagssituationen sind in der Gesellschaft heute wenig gefragt. Weder unsere Lebensweise mit ihrem Überangebot an Gütern noch die Mehrzahl der Arbeitsplätze benötigen vom einzelnen schöpferische Fähigkeiten und eigenständiges Denken. Kreativität wird deshalb im Alltag kaum benötigt, bzw. erscheint bestenfalls im Freizeitbereich. Diese Tatsache bestärkt der Erzieher durch seine einseitige musische Förderung. Damit wird die Kreativität beschränkt auf die Entspannung und Erholung des einzelnen, die gesellschaftliche Komponente fehlt. Problemlöseverhalten im Alltag, ein sich Lösen vom Herkömmlichen und von dem Verhalten der Umwelt werden nicht geschult.
Ein anderes Beispiel für den geringen gesellschaftlichen Bezug des Erziehers wäre: Er schult ein Sprachverhalten des Kindes, das nur in der Übungsstunde und nicht in der Lebenssituation des Kindes angewandt werden kann. Das Kind hat dann zwar Sprache, nicht aber Kommunikation mit seinen Mitmenschen gelernt. In seiner gesellschaftlichen Handlungsfähigkeit ist es nicht gefördert worden. Das in dieser Weise erzogene Kind wird später nicht die Qualifikationen, insbesondere nicht das notwendige Selbstbewußtsein haben, um in der Gesellschaft verantwortlich fungieren zu können.

Es ist die Frage, ob wir uns eine solche Erziehung noch leisten können. Sie führt weder zu weltweit verantwortlichem noch zu zukunftsorientiertem Handeln. Wir haben uns deshalb zu fragen, in welcher Weise Pädagogik verändert werden müßte, um zu einer Erziehung zu führen, die den Menschen befähigt, in seinen Lebenssituationen – auch den nicht vorhersehbaren – kritisch, verantwortungsbewußt und kompetent handlungsfähig zu werden. Eine solche Pädagogik setzt voraus, gegenwärtige gesellschaftliche Situationen zu analysieren. Aus der Analyse können Tendenzen und Motivationen gesellschaftlichen Handelns abgeleitet werden. Diese Erkenntnisse können dem Pädagogen helfen, die Erziehung in einem allgemeinen gesellschaftlichen Zusammenhang zu sehen und jegliches Handeln in einen weltweit- und zukunftsorientierten Bezug zu stellen. Damit nimmt die Pädagogik einen wesentlichen Teil ihres gesellschaftlichen Charakters wahr. Sie muß ihrem eigentlichen Wesensmerkmal gerecht werden, einen offenen Blick für Entwicklungen der Zukunft zu haben, da das Kind nicht für die gegenwärtigen, sondern für die in seiner Zukunft entstehenden Lebenssituationen erzogen und handlungsfähig gemacht werden muß. Pädagogik muß also Konzepte und Strategien für zukunftsorientiertes Lernen entwickeln. Damit greift die Pädagogik bewußt in gesellschaftliche Entwicklungen ein und gerät in den Spannungsbereich gesellschaftspolitischer Diskussion, politisch-wirtschaftlicher Richtungen und gesellschaftlicher Werthierarchien. Ihre Rolle als Instrument der Politik wird damit offener und konfliktreicher. Aber nicht durch die Flucht aus dem politischen Zusammenhang, sondern durch das Wissen um ihre politische Bedeutung kann sie vermeiden, als politisches Werkzeug mißbraucht zu werden.

Eindenken in die Zukunftsrelevanz der Erziehung

Setzen Sie sich mit folgendem Ausspruch des Kulturphilosophen Paul de Lagarde (19. Jahrhundert) auseinander und diskutieren Sie den Aussagegehalt:
»Wir können nicht erziehen, weil alle Erziehung auf die Ewigkeit gehen muß, und die Eltern der vor uns sitzenden Jugend nicht die Ewigkeit wollen, sondern ganz ausdrücklich das, was zeitgemäß ist.«

2 Zukunftsproblematik

Die gegenwärtig bestehende und in Zukunft noch massiver werdende Weltproblematik wird in den Medien zunehmend diskutiert. Für unsere pädagogisch orientierte Thematik genügt es deshalb, die Probleme beispielhaft und nur skizziert anzureißen, um dem Leser die Notwendigkeit der Auseinandersetzung zu verdeutlichen. Eine differenzierte Information über die heutige bedrohliche Situation bietet die gegenwärtige Literatur und zwar sowohl, was die Probleme selbst betrifft (Kapitel 2), wie auch, was unsere Verhaltensweisen betrifft, die dazu führten (Kapitel 3).

Vergegenwärtigen Sie sich an der folgenden Modelldarstellung unsere Entwicklung (siehe Abb. S. 18).

Weltbevölkerung

Eine fundamentale Ursache der heute entstehenden Weltproblematik ist die stetige Zunahme der Weltbevölkerung. Obwohl seit geraumer Zeit bekannt ist, daß eine weitere Zunahme an Grenzen stößt, ist ein Stillstand des Wachstums der Weltbevölkerung nicht zu erreichen, im Gegenteil, die Kurve steigt zunehmend an.

Geht man beispielsweise von der Gesamtbevölkerung zu Beginn der Zeitrechnung aus, so hat sich die Zahl bis zum Jahr 1600 verdoppelt; die nächsten Verdoppelungen erfolgten: 1830, 1930, 1975.
Jetzt leben über 4 Milliarden (4.000.000.000) Menschen auf der Erde (*Senckenbergische Naturforschende Gesellschaft* 1973, S. 7).

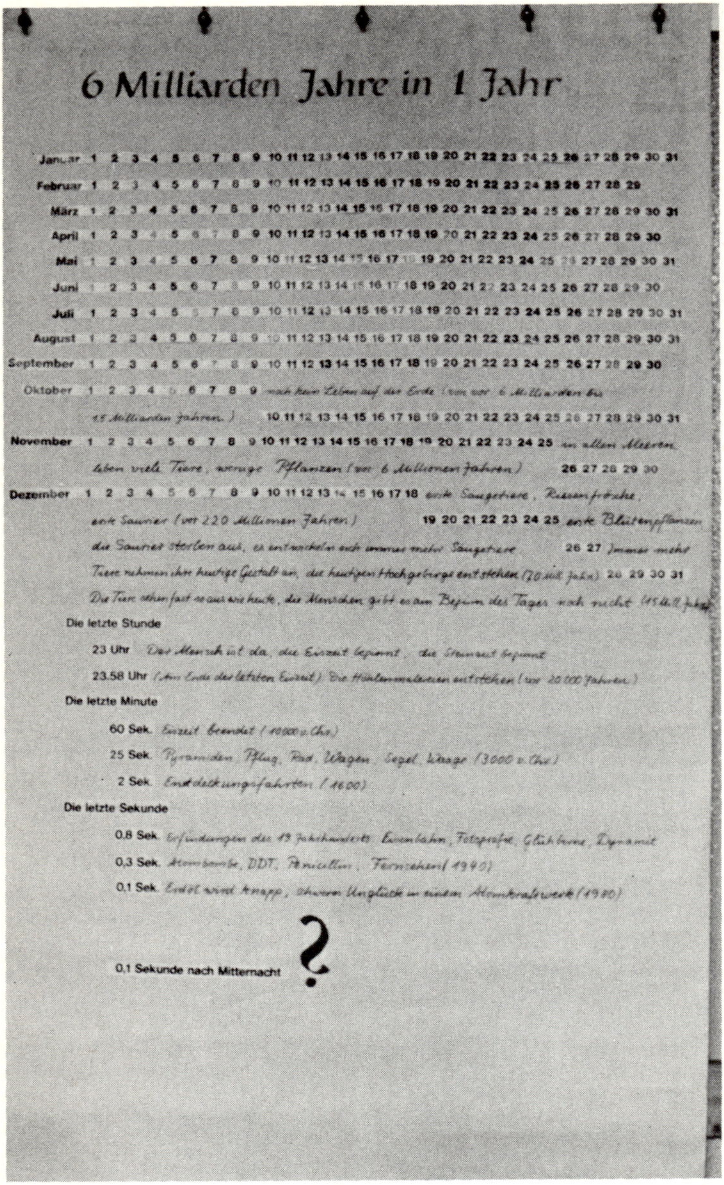

* Gekürzt nach H. Strohm: politische Ökologie Reinbek 1979, S. 39 ff.
Graphisch bearbeitet von Roswitha Schäfer, Mainz.

Vergegenwärtigen Sie sich anhand einer Kurve die Zunahme der Weltbevölkerung:

Jahr 0	:	250.000.000	(0,25 Milliarden)
1600	:	500.000.000	(0,5 Milliarden)
1830	:	1.000.000.000	(1 Milliarden)
1930	:	2.000.000.000	(2 Milliarden)
1975	:	4.000.000.000	(4 Milliarden)

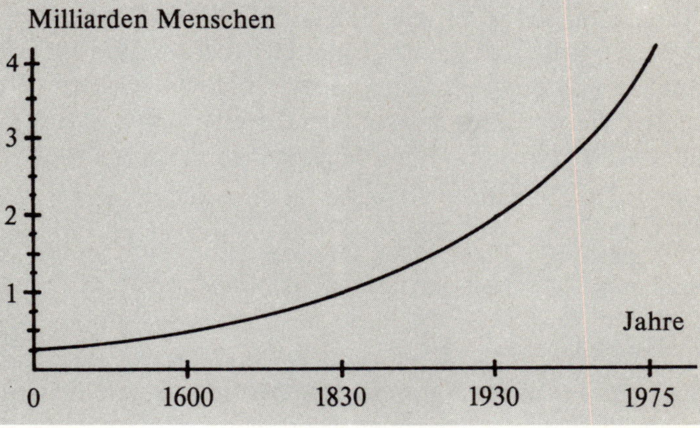

Güterverteilung und Ernährungsproblem

Bei dieser starken Zunahme der Weltbevölkerung wächst die Zahl der hungernden Menschen stetig. Alle Bemühungen, die landwirtschaftlichen Produkte zu steigern, sind wirkungslos. Verstärkt wird das Armutsproblem durch die ungleiche Güterverteilung.

Folgende Tatsachen sollen diese Problematik verdeutlichen:

- 34 % der Weltbevölkerung leben in den Industrieländern und verfügen über 7/8 des Welteinkommens; 66 % der Weltbevölkerung leben in den Entwicklungsländern und verfügen über 1/8 des Welteinkommens *(Misereor 1979)*.
- Ein Deutscher verbraucht in einem Jahr so viele Produkte von Landwirtschaft und Industrie wie 17 Inder oder 30 Bewohner von Somali *(ebd.)*.

• Während in den Industrieländern 10 Menschen in einem bestimmten Zeitraum 10 Brote essen können, stehen in der gleichen Zeit in den Entwicklungsländern 20 Menschen nur 5 Brote zur Verfügung *(ebd.)*.
• 25 Millionen Menschen sterben in einem Jahr an den direkten und indirekten Folgen des Hungers. 700 Millionen Mensch leiden auf der Welt unter Hunger *(ebd.)*.

Trotz unterschiedlichster Versuche, die Produktion der Agrargüter zu steigern und gerechter zu verteilen, ist zur Zeit keine Lösung in Sicht, mit der die Situation auch nur annähernd zu bewältigen wäre. Allerdings liegen uns auch Kenntnisse vor, deren Anwendung Notsituationen lindern würden. Wir schaffen die Umsetzung aber nicht, weil in den Industrieländern die Motivation fehlt, Gewohnheiten umzustellen.

Beispiel: 10 ar Kulturland erbringen für einen Menschen bei
• Viehwirtschaft Nahrung für 19 Tage,
• Getreideanbau Nahrung für 217 Tage,
• Sojabohnen Nahrung für 549 Tage (*Strahm* 1978, S. 86/87).

Weltspiel *

Material: Größerer Bogen Packpapier oder Tapete, 40 Figuren (z. B. von einer Spielesammlung), 40 kleine Bausteine.

Vorbereitung: Skizzieren Sie schematisch eine Weltkarte mit den Erdteilen Nordamerika, Südamerika, Europa, Afrika, Asien.

Durchführung: Geben Sie den Teilnehmern folgende Information:
Heute leben rund 4.000.000.000 (4 Milliarden) Menschen auf der Erde. Jede Figur verkörpert 100.000.000 (100 Millionen) Menschen der Erdbevölkerung. Verteilen Sie die Figuren auf die Erdteile so, wie Sie die Bevölkerungszahlen einschätzen (Australien ausgenommen). Alle Figuren müssen verteilt werden.

* In Anlehnung an: Evangelische Jugend. Landesjugendpfarramt Hannover: In Grenzen leben – zur Hoffnung berufen. Hannover 1978, S. 45

Vergleichen Sie das Ergebnis mit den tatsächlichen Zahlen (siehe Seite 22).
Jetzt sollen die 40 Bausteine verteilt werden. Sie verkörpern das gesamte Welteinkommen, und zwar jeder Stein 2,5 Prozent. (Wegen seiner Sonderstellung ist Japan bei der Güterverteilung nicht einbezogen).
Das Ergebnis der Einschätzung wird mit der tatsächlichen Verteilung verglichen (siehe Seite 22).

Verringerung der Rohstoffreserven

Die Verknappung der vorhandenen Rohstoffreserven ist der allgemeinen Bevölkerung heute bei einzelnen Materialien bewußt. Zu dieser Bewußtwerdung hat zum Beispiel die Ölkrise beigetragen. Was diese Verknappung bedeutet, wird oft nicht wahrgenommen, ebensowenig die Machtstellung, die die Industrieländer beim Abbau und Verbrauch einnehmen, obwohl die Vorräte sowohl der mineralischen wie auch der fossilen Rohstoffe vorrangig in den Nicht-Industrieländern liegen.

Beispiele für knapper werdende mineralische Rohstoffe:
Bei gleichbleibendem heutigen Verbrauch dürften die erkennbaren Vorräte noch etwa reichen:

für Blei	50 Jahre
für Kupfer	62 Jahre
für Quecksilber	23 Jahre
für Wolfram	46 Jahre
für Zink	24 Jahre
für Zinn	43 Jahre

(nach: *Fischer-Weltalmanach* 1981, S. 811)

Es besteht zwar die Möglichkeit, daß weitere Vorräte gefunden werden. Diese Funde werden aber voraussichtlich wegen ihrer geringeren Zugänglichkeit einen erschwerten Abbau mit sich bringen. Die Heranziehung von Ersatzmitteln anstelle knapp werdender Rohstoffe könnte einen längerfristigen Gebrauch ermöglichen. Häufig werden diesbezüglich aber zu optimistische Prognosen gestellt, weil unsere bisherigen technischen Erfolge ein unverhältnismäßiges Vertrauen in unsere Leistungsfähigkeit in uns aufgebaut haben.

Zum Beispiel kann man Kupfer zum Teil durch Aluminium ersetzen. Für Aluminium hat man aber bisher noch keine Ersatzmittel finden können.
Zink ist begrenzt durch Kunststoffe und Edelstähle zu ersetzen.
Chrom, das wichtigste Legierungsmittel für alle Edelstähle, ist nicht ersetzbar (*Unctad-Kampagne* 1979, S. 5).

Noch schwerwiegender ist die Situation bei den fossilen Rohstoffen zu sehen, wie zum Beispiel Öl, Gas, Kohle, Holz. Zum Teil werden die fossilen Rohstoffe noch heute in Energie umgesetzt und sind damit nicht wieder verwertbar, sondern endgültig verbraucht. Wenn auch die Erforschung anderer Energiequellen, wie zum Beispiel Sonne, betrieben wird, ist der Erfolg noch so gering, daß dadurch zur Zeit die Verbrennung der fossilen Rohstoffe nicht wesentlich reduziert werden könnte. Sparmaßnahmen setzen heute zwar ein, aber die Vergeudung, zum Beispiel durch Abwärme, ist immer noch übermäßig hoch.

Lösungen zum Weltspiel

Verteilung der Weltbevölkerung

Europa	7 Figuren	(700 Millionen Menschen)
Nordamerika	3 Figuren	(250 Millionen Menschen)
Südamerika	3 Figuren	(300 Millionen Menschen)
Afrika	3 Figuren	(300 Millionen Menschen)
Asien	24 Figuren	(2.400 Millionen Menschen)

Verteilung des Welteinkommens

Europa	13 Steine
Nordamerika	20 Steine
Südamerika	2 Steine
Afrika	2 Steine
Asien	3 Steine

In der Bundesrepublik lagen 1977/78 beim Energieverbrauch durch den Konsumenten die Anteile ungenutzter Energie zwischen 40 und 70%. Vorher traten bereits bei der Umwandlung der Primärenergie (z. B. Öl, Gas, Kohle, Wasserkraft) in Endenergie (z. B. Strom, Antriebsstoffe) weitere Verluste auf *(Evangelische Jugend* 1978, S. 17).

Holz wird heute nur zum Teil als Energiequelle, sondern vorrangig als Rohstoff zur Weiterverarbeitung genutzt. Die Reduzierung des weltweiten Waldbestandes dürfte eins der größten Probleme unserer Gegenwart im Rahmen des Rohstoffverbrauchs sein, da die Rodungen, die in einem großen Umfang durchgeführt werden, nicht durch Wiederaufforstung ersetzt werden.

3,8 Milliarden Hektar Wald gibt es zur Zeit auf der Erde. Davon verschwinden jährlich weltweit 18 – 20 Millionen Hektar, das sind fast 2% (diese Aussage wurde bei der 50. Tagung des deutschen Forstvereins in Wiesbaden 1981 gemacht). In einzelnen Ländern beträgt der Anteil der nicht ersetzten Abholzung sogar 5% *(Fischer Öko-Almanach* 1980, S. 292).
Der tropische Urwald, von dem die Holzbestände vorrangig stammen, wird nach Berechnungen bis zum Jahr 2050 bis auf wenige unzugängliche Standorte zurückgedrängt sein (*ebd.,* S. 292).
In Deutschland werden jährlich etwa 30 Millionen Festmeter Holz geschlagen. Es wird aber doppelt so viel verbraucht (Wiesbaden 1981).

1. Konkretisierung mit Hilfe eines Atlasses
Suchen Sie in einem Weltatlas die Angaben über Rohstoffvorkommen und Waldgebiete.
Vergegenwärtigen Sie sich, um welche Länder es sich dabei handelt. Überprüfen Sie, wo die Verarbeitungsindustrie für diese Rohstoffe liegt.

2. Befragung im Bekanntenkreis
Befragen Sie Ihren Bekanntenkreis nach vorgenommenen und geplanten Maßnahmen, durch die Öl eingespart wird. Hinterfragen Sie die Motive.

Umweltverschmutzung

Die Problematik der Umweltverunreinigung soll hier an einem meist weniger wahrgenommenen Teilbereich, der thermalen Erwärmung, dargestellt werden. Da diese Aspekte in der Öffentlichkeit noch nicht sehr bekannt sind, muß der Zusammenhang etwas genauer erklärt werden:

Die Erhöhung des Kohlendioxydgehalts in der Atmosphäre bedeutet Erwärmung der Erdoberfläche. Kohlendioxyd absorbiert Wärme und hält sie in der Erdatmosphäre fest. Der Kohlendioxydgehalt wird zur Zeit aus verschiedenen Gründen erhöht, zum Beispiel durch die Verbrennungsprozesse in der Industrie, bei Kraftfahrzeugen und in Haushalten und durch die zusätzliche Verringerung des Waldbestandes (geringere Fotosynthese).
Bei der Produktion und Nutzung von Energie entsteht als Nebenprodukt Wärme, zum Beispiel bei der Verbrennung im Automotor, bei der Glühlampe, bei elektrischen Haushaltsgeräten. Diese Wärme (einschließlich der gezielten Wärme wie bei der Heizung) bewirkt eine weitere Erwärmung der Atmosphäre.

Eine derartige Erwärmung hat für die Erdoberfläche unübersehbare Folgen, zum Beispiel:

- langsames Abschmelzen der Polkappen,
- Überschwemmungen großer Gebiete aufgrund des Steigens des Meeresspiegels,
- Veränderung des Klimas (zunehmende Wüstenbildung).

Die Wirkungen verstärken sich teilweise gegenseitig, beispielsweise bewirkt ein Abschmelzen der Polkappen eine weitere Erwärmung der Erdoberfläche. Deshalb sind kleinste Veränderungen ernst zu nehmen, denn ein begonnener Prozeß ist kaum noch zu unterbrechen.

Bewußtmachung der eigenen Position und des eigenen Handelns

a) Schätzen Sie das eigene Verhalten ein:
Inwiefern trage ich selbst zur thermalen Erwärmung bei?

	viel	wenig	gar nicht
Autofahren			
Raumwärme (im Sinne von zu hoher Wärme)			
Raumwärme (im Sinne von unnötiger Abwärme durch geringe Isolierung)			
Warmwasserverbrauch			
Kaminfeuer			
Grillen			
Abwärme von Lampen			

b) Nach welchen Kriterien haben Sie zwischen »viel« und »wenig« unterschieden? (Zum Beispiel durch Vergleich mit anderen, nach eigenen Möglichkeiten, nach zukunftsorientierten Wertvorstellungen).
c) Suchen Sie nach Gründen, warum Ihnen eine Reduzierung Ihres angekreuzten Verhaltens schwerfällt.

Interdependenz der einzelnen Problemfelder

Im Grunde kann kein Aspekt der bedrohlichen Problematik isoliert gesehen werden, da zwischen den einzelnen Problembereichen eine gegenseitige Abhängigkeit besteht, die die Auswirkungen explosionsartig verstärken kann.

Eine Veränderung des Klimas mit zunehmender Wüstenbildung durch thermale Erwärmung sowie durch Erosion aufgrund von Abholzung und Monokultur kann das Ernährungsproblem bei steigender Weltbevölkerung ins Unermeßliche steigern. Dazu kommt, daß thermale Erwärmung vorrangig durch die Industrieländer verursacht wird, das veränderte Klima sich aber vor allem in den bevölkerungsreichen Entwicklungsländern negativ auswirken wird, so daß soziale Konfrontationen entstehen und sich zusätzliche Problemfelder bilden werden.

Bereits jeder einzelne Problembereich für sich hat lebensbedrohende Folgen. Um unsere heutige Situation richtig einschätzen zu können, müssen die einzelnen Faktoren in ihrer gegenseitigen Verstärkung gesehen werden.

Suche nach weiteren Beispielen

a) Suchen Sie weitere Problembereiche unserer Zeit, die – in Konsequenzen weitergedacht – lebensbedrohend werden können.
b) Verdeutlichen Sie sich gefährliche Entwicklungen durch das Zusammenwirken der einzelnen Faktoren.
c) Suchen Sie in der Literatur oder in Liedern Aussagen über die besprochenen oder weitergehende Problembereiche und ihre Interdependenzwirkung.
   Versuchen Sie, die gefundenen Stellen auf ihren Aussagegehalt und ihre Überzeugungskraft hin zu überprüfen.

3 Ursachen der lebensbedrohenden Krise

Es ergibt sich nun die Frage, welchen Anteil unsere heutige Gesellschaft mit ihrer Wirtschaft und Lebensweise an der Entstehung dieser bedrohlichen Situation hat und welche ihrer

Grundeinstellungen solche Entwicklungen auslösten. Erst aufgrund dieser Erkenntnisse kann man neue Richtungen bestimmen und einschlagen, die für eine zukunftsorientierte Pädagogik wegweisend sind.
Auf den folgenden Seiten werden Merkmale dargestellt, die unser heutiges Wirtschafts- und Gesellschaftssystem entscheidend prägen.

Darstellung der eigenen Ansicht zur Standortabklärung

Verdeutlichen Sie sich, welche Ursachen Ihrer Meinung nach die bedrohliche Weltsituation bewirken. Notieren Sie sich diese Gedanken.

Motivation für heutige Veränderungen: Profit und Machtstreben

Die Firma Müller AG stellt hauswirtschaftliche Geräte her. Der Absatzmarkt sinkt. Die Firma gibt einen Marktforschungsauftrag und läßt die Ergebnisse von Technikern auswerten und in die Produktion umsetzen. Der Betrieb wird erweitert und modernisiert, indem Maschinen angeschafft werden, die automatischer arbeiten und ein neues Produkt herstellen. Der einzelne Arbeiter leistet jetzt gleichförmigere Arbeit. Das Produkt findet einen großen Absatz. Die Firma kann deshalb aufgrund der höheren Produktivität eine Gehaltsaufbesserung gewähren. Der kleinere Konkurrenzbetrieb kann nicht schritthalten und macht Konkurs. Seine Arbeiter wechseln in den größeren Betrieb zu einem besseren Gehalt über. Auch die Aktionäre sind mit der Firmenleitung zufrieden.

Der Antrieb zur Innovation (Erweiterung, Entwicklung, Veränderung) in der Wirtschaft resultiert weitgehend aus dem Wunsch, den Profit oder die Macht des Unternehmens zu erhöhen. Zwischen beiden Faktoren besteht eine enge Verbindung. Größerer Profit erhöht die Macht, und vermehrte Macht wirkt sich in der Regel auf den finanziellen Gewinn aus. Das gesamte gesellschaftliche Zusammenleben wird in großem Umfang von dieser Wertausrichtung bestimmt.

Deutlich werden diese Motivationen zum Beispiel durch:

- Investitionen in Betrieben zu Zwecken des Profits,
- Forschungsaufträge von der Wirtschaft, die vorrangig aufgrund von Profitdenken erfolgen,
- geringe Berücksichtigung von nicht profitbringenden Forschungsergebnissen,
- Unterstützung des Profitdenkens der Industrie durch unser Konsumdenken und Konsumverhalten,
- Förderung von Machtpositionen der Großbetriebe mit der Folge der Reduzierung von kleinen Unternehmen.

1. Konkretisierung

a) Suchen Sie Parallelbeispiele aus Ihrer Umgebung, in denen das Motiv für eine Veränderung Profitstreben ist (nicht nur bezogen auf Industrie).

b) Durchdenken Sie, was es für Sie bedeuten würde, wenn Sie Ihre Waren bei einem Kleinhersteller/Kleinhändler teurer kaufen würden.

2. Schätzübung (siehe Abb. S. 29)

Verdeutlichen Sie Gruppenmitgliedern, die diesen Text noch nicht gelesen haben, Profitstreben und dessen Folgen mit folgender Schätzübung:

Material: Waage mit zwei Waagschalen z. B. von einem Kinderkaufmannsladen oder aus dem Physikunterricht oder eine selbstgebaute Wippe,
Mensch-ärgere-dich-nicht-Figuren oder andere Symbole für Menschen,
Münzen.

Vorbereitung: Legen Sie auf eine der beiden Waagschalen 125 Figuren (der vierzigste Teil von 5.000). Auf die zweite Waagschale legen Sie eine Figur und so viele Münzen bis die Waage ausgeglichen ist.
Die Teilnehmer der Schätzaufgabe sollen die Vorbereitung nicht gesehen haben.

Durchführung: Geben Sie den Teilnehmern folgende Information:
In einem Entwicklungsland hat sich eine Plastiksandalen-

Industrialisierung verdrängt Arbeitsplätze im Gewerbe

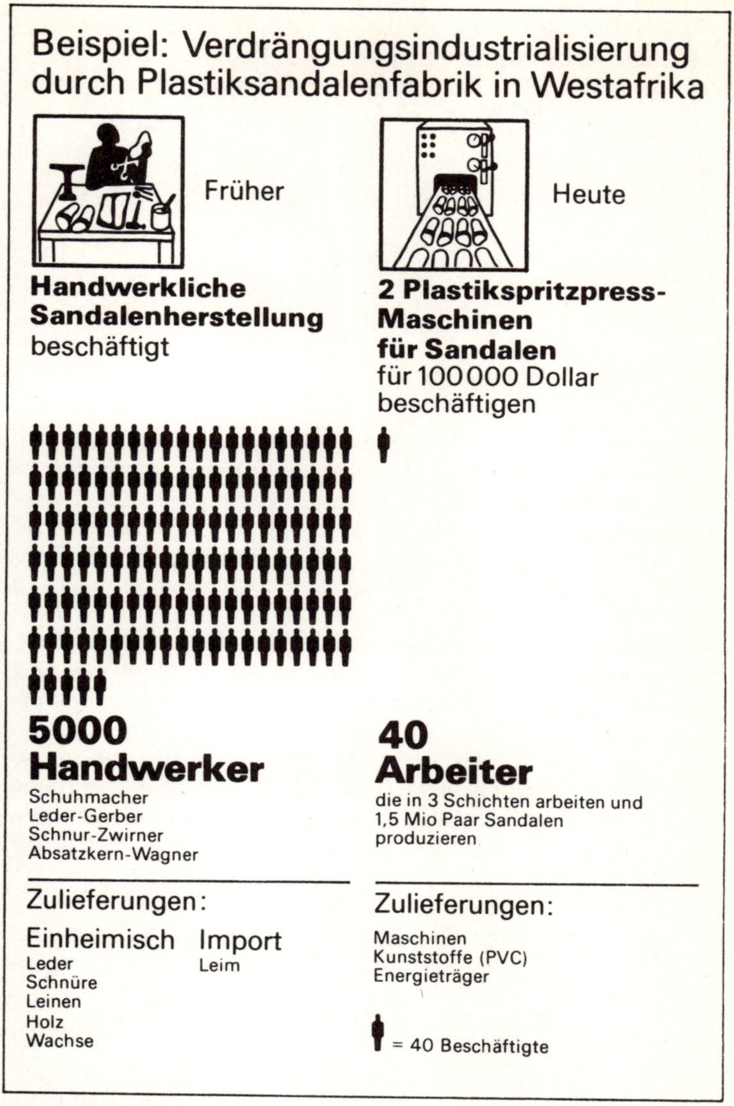

(aus: *Strahm* 1978, S. 92)

fabrik niedergelassen und mit vorhandenem Kapital Maschinen investiert (Münzen). Dabei gingen Arbeitsplätze für Handwerker und deren Zulieferer verloren.
In der einen Waagschale sehen Sie Kapital und einen Arbeiter zur Bedienung der Maschine. Wenn Sie die andere Waagschale mit Figuren auffüllen, haben Sie die Zahl der verdrängten Arbeitskräfte und je einen erhaltenen Arbeitsplatz.
Schätzen Sie, bevor Sie beginnen!

Priorität des Leistungsaspektes

Herr Schulze, gelernter Schlosser, hat bisher in einem kleinen Handwerksbetrieb, der vorrangig Reparaturen ausführte, gearbeitet. Er gibt die abwechslungsreiche Arbeit wegen geringer Bezahlung auf und nimmt eine Stelle in einer Fabrik an, die Autoteile herstellt. Herr Schulze arbeitet jetzt im Schichtdienst in einer großen Halle. Er hat die Aufgabe, die Funktion von 10 Maschinen regelmäßig zu überprüfen.
Sein Verdienst hat sich erhöht, seine Anerkennung im Bekanntenkreis ist gestiegen, er kann sich mehr kaufen. Er fühlt sich jetzt leistungsfähiger, weil sein Arbeitseinsatz zur Steigerung der Produktion beiträgt. Den starken Streß seiner Arbeit registriert er vorerst noch nicht. Sein Arbeitsplatz bietet ihm nicht mehr die soziale Begegnung, die er früher hatte. Herrn Schulze fällt diese Verarmung seiner Berufsarbeit nicht auf, da er sich und seine Leistung nur mit den gesellschaftlich anerkannten Normen (Verdienst, Beitrag zur Produktion) mißt.

In unserer heutigen Gesellschaft hat der Leistungsaspekt einen hohen Rang. Die Bewertung des Menschen wird nach seiner wirtschaftlichen Leistungsfähigkeit vorgenommen. Dabei zählt die Quantität mehr als die Qualität. Die naturhaft angelegte Arbeitsfähigkeit des Menschen (z. B. die Tagesleistungskurve) wird wenig berücksichtigt. Die menschliche Arbeitsweise wird der technischen Entwicklung angepaßt, und es werden immer gleichbleibende Leistungsanforderungen gestellt, so daß naturhafte Leistungsrhythmen des Menschen nicht ausgelebt werden können.

1. Verdeutlichung
Wie werden die Menschen in Ihrem Bekanntenkreis eingeschätzt in bezug auf:

- Verdienst,
- Lebensweise,
- Grundhaltung,
- Sozialverhalten?

a) wenn sie erwerbstätig sind,
b) wenn sie aus dem Erwerbsleben ausgeschieden sind,
c) wenn sie Hausfrauen sind.

2. Diskussion über die Einschätzung der beruflichen Arbeit
Wonach wird Ihre berufliche Arbeit gemessen? (Aus der Sicht der Eltern, des Vorgesetzten, des Kollegen)
Woran messen Sie selbst den Erfolg eines Arbeitstages?

Zentralistische Struktur und ihre Folgen

Herr Beier besitzt einen kleinen Bauernbetrieb, der aber nicht mehr so viel einbringt, daß die Familie davon leben könnte. Herr Beier hat vor Jahren zuerst im Winterhalbjahr eine Arbeit in einer KFZ-Werkstatt angenommen. Nach der Flurbereinigung konnte er seine kleinen Äcker, die nun ein zusammenhängendes größeres Feld ergaben, mit geliehenen Maschinen bearbeiten und damit seine Arbeit in der Werkstatt auf das ganze Jahr ausdehnen. Er bebaut jetzt wie die anderen Bauern des Dorfes die Felder in Monokultur mit Getreide. Seine Viehwirtschaft hat er aufgegeben, da er das Vieh nicht mehr durch eigene landwirtschaftliche Produkte ernähren konnte und die Viehwirtschaft für ihn zu arbeitsintensiv wurde. Die Getreideernte liefert er an Großsammelstellen. Die Lebensmittel für seinen Eigenverbrauch kauft er im Supermarkt.
Damit hat er seine Eigenständigkeit aufgegeben und trägt nicht mehr die Belastung der Verantwortung und des Risikos.
Er denkt manchmal an früher zurück.

Da die Menge des Absatzes ausschlaggebend für die Kapitalerhöhung ist, kommt es darauf an, möglichst viel und preiswert zu produzieren und zu arbeiten. Deshalb wird versucht, Arbeitsabläufe weitgehend zu automatisieren. Damit erbringt der einzelne Arbeitsplatz gleichförmigere Tätigkeiten und mengenmäßig größere Leistungen. Es wird rentabler gearbeitet. Da darüber hinaus die menschliche Arbeitskraft teuer ist, wird die preisgünstigere Maschine bevorzugt eingesetzt. Das bedeutet zwangsläufig eine Zentralisierung. Der kleine Betrieb kann den Arbeitsplatz weniger rationalisieren. Er kann die Maschine häufig nicht voll auslasten. Da die Maschine mit zunehmender Größe rentabler wird, ist er auch diesbezüglich im Nachteil. Diese Vorgänge beziehen sich nicht nur auf die Industrie, sondern wirken sich in der gesamten gesellschaftlichen Struktur aus, zum Beispiel beim Handel, in Behörden und Verwaltung sowie in Dienstleistungsbetrieben.

Zentralisierung bewirkt unter anderem:

- Machtkonzentration durch Zentralisierung von Kapital und Produktion,
- unüberschaubare Großbetriebe anstelle von menschenfreundlicheren Kleinbetrieben,
- anonyme Behörden,
- erhöhten Energieverbrauch durch Anfahrten und Transport,
- Verstädterung,
- Heranholen von Arbeitern aus entfernteren Regionen,
- billiges Aufkaufen von Rohstoffen in Ländern der Dritten Welt,
- Ausbeutung von Rohstoffen und Natur in unterentwickelten Ländern als Folge der Armut und mangelnden Selbstbestimmung,
- Monopole in der Herstellung und damit Machtstellung in der Preisfestlegung,
- Verarmung der schwächeren Regionen und Kapitalzuwachs in wenigen reichen Ländern bzw. Gebieten.

1. Auseinandersetzung mit dem vorliegenden Beispiel
Durchdenken und diskutieren Sie, wie sich das Leben von Herrn Beier verändert hat und welche Gefühle in ihm aufkommen können.

2. Interpretation von Statistiken

Wenige Konzerne beherrschen einzelne Warenmärkte

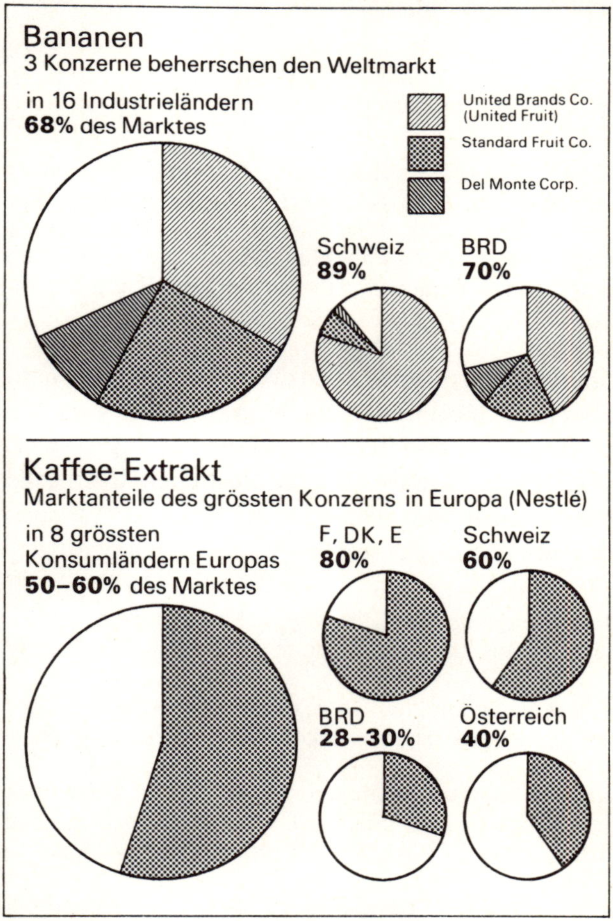

(aus: *Strahm* 1978, S. 54)

a) Welche Erkenntnisse gewinnen Sie aus diesen statistischen Darstellungen?
b) Diskutieren Sie die Auswirkung dieser Tatsachen.

3. Einbringen von Beispielen
Suchen Sie weitere Beispiele für Zentralisierung. Beschränken Sie sich nicht nur auf Gewerbe und Industrie, denken Sie auch an Handel, Behörden, Bildungsstätten, Freizeitstätten, Urlaubszentren usw.

Denken und Handeln in kurzen Zeiträumen

Familie Schmitt baute 1976 ein Eigenheim. Ein wärmeisolierender Außenverputz hätte DM 10.000 gekostet. Herr Schmitt rechnete aus, daß die Ölmenge, die durch diese Isolierung eingespart werden könnte, erst in 17 Jahren einen Preis von DM 10.000 erreicht haben würde. Er empfindet den teuren Verputz als unrentabel und läßt ihn nicht anlegen.

Unsere Wirtschaft und unsere Lebensweise werden von einem kurzfristigen Planen bestimmt. Ausschlaggebend für Veränderungen und Reformen sind in der Regel die kurzfristig zu erzielenden finanziellen Erträge oder das Bestreben, finanzielle Belastungen zu reduzieren. Die tatsächlichen und auf lange Sicht bezogenen Wirkungen werden wenig berücksichtigt.

Typische Beispiele für unsere gegenwärtige Situation sind:
- künstliche Düngung (momentan hohe Erträge, auf die Dauer schädlich),
- geringe Lebensdauer von Produkten (zum Beispiel könnten heute Autos hergestellt werden, die eine längerfristige Nutzung garantierten),
- Umstellung auf andere Techniken, die nur eine kurzfristige Nutzung gewährleisten (zum Beispiel Umstellung von Ölheizung auf Gasheizung, anstelle stärkerer Erforschung von alternativen Energiequellen),
- Lagerung von Abfallprodukten ohne Erforschung der Langzeitwirkungen (zum Beispiel Meer als Müllkippe).

Bewußtmachung der Langzeitwirkung heutiger Lebens- und Wirtschaftsformen:
Versuchen Sie, die schädlichen Folgen zu bedenken und in dieser Tabelle zu benennen.

	WOHLSTAND FÜR UNS	NEBENWIRKUNGEN	SCHÄDLICHE FOLGEN
Industrialisierung	z. B. Annehmlichkeiten Großes Warenangebot Hohe Löhne	z. B. Monotone, entfremdete Arbeit Umweltprobleme	
Wirtschaft/ Handel	z. B. Hoher Lebensstandard Hohe Kaufkraft des Konsumenten	z. B. Exportüberschüsse Konzentration der Firmen Abhängigkeiten	
Städtische Zivilisation	z. B. Kulturelles Angebot Kurze Wege Bildungsangebot	z. B. Verstädterung Emissionen (Schadstoffe)	
Haushalt	z. B. Technische Geräte Freizeit für die Hausfrau	z. B. Hoher Energie- und Wasserverbrauch Müll	
Landwirtschaft	z. B. Hohe Hektarerträge Hohe Fleischerträge Leichtere Arbeitsbedingungen	z. B. Umweltverschmutzung durch Biozide Antibiotika und Östrogen im Fleisch	
Energie	z. B. Saubere, bequeme Lebensweise Telefon Rundfunk, TV	z. B. Emissionen von Kohle- und Atomkraftwerke Rohstoffverknappung	
Individualverkehr	z. B. Unabhängigkeit Mobilität Arbeitsplätze in der Autoindustrie	z. B. Auto als Statussymbol Umweltbelastung	
Medizin	z. B. Hohe Lebenserwartung Schnelle Überwindung von Krankheiten	z. B. Überbevölkerung Medikamentemißbrauch Apparatemedizin	

(aus: *Evanglische Jugend* 1978, S. 51)

Hoher Energiebedarf

Ebenso wie Rohstoffe wurde bisher Energie großzügig verbraucht. Konsum wurde gefördert (zum Beispiel geringere Preise bei höherem Verbrauch). Forschungen in bezug auf Energieeinsparungen in der Industrie werden auch heute vielfach nur aus der Sicht finanzieller Belastungen und Einsparungen betrieben. Erst langsam ändert sich jetzt das Bewußtsein hinsichtlich des Energieverbrauchs. Es wird nicht nur wegen des Geldes gespart, sondern auch, weil Energieerzeugung Rohstoffe verbraucht und die Umwelt belastet.

Beispiel für den großzügigen Verbrauch von Energie:

Papierherstellung:

Rohstoff- und Energiebedarf für 1000 kg Papier

Notwendiger Bedarf	Papier erster Qualität	Papier gewöhnlicher Qualität	Umweltschutzpapier
Holz	2385 kg (= 3 Bäume mittlerer Größe)	1710 kg (= 2 Bäume mittlerer Größe)	nur Altpapier
Frischwasser	bis 440 m^3 (440.000 Liter)	bis 280 m^3 (280.000 Liter)	maximal 1,8 m^3 (1800 Liter)
Energie	7600 Kilowattstunden	4750 Kilowattstunden	2750 Kilowattstunden

(*Bundesministerium des Inneren* 1977, S. 16)

Weitere Beispiele:

- zunehmender Energieverbrauch, beispielsweise durch steigende Elektrifizierung von Maschinen in Wirtschaftsbetrieben und Geräten im Haushalt sowie wachsender Ölverbrauch durch Zunahme der Zulassungszahlen von Kraftfahrzeugen und Neueinrichtungen von Heizungen,
- eingleisige Nutzung von Energie, zum Beispiel keine Verwertung von Abwärme der Industrie, der Haushalte, der Kraftfahrzeuge.

Selbstkontrolle:

a) Stehen Sie auf und überprüfen Sie die Raumtemperatur (vorausgesetzt Sie lesen dieses Buch während der Heizungsperiode).
b) Überprüfen Sie, ob Sie nicht eine unnötige elektrische Lampe brennen haben.
c) Schreiben Sie auf, welche elektrischen Geräte Sie im Ablauf eines Tages benutzen (müssen).
d) Falls Sie mit Ihrem Wagen täglich zum Dienst fahren, überlegen Sie sich, warum Sie keine öffentlichen Verkehrsmittel benutzen oder warum Sie sich nicht einer Fahrgemeinschaft anschließen.
Sollten Sie dieses Buch mit einer Gruppe bearbeiten, nennen Sie sich Ihre Gründe gegenseitig.

Verschwendung von Material

Wie oben bereits erwähnt, wird das Material aufgrund des niedrigen Preises großzügig eingesetzt. Da die wirtschaftlichen Aspekte für die Produktion ausschlaggebend sind, wird möglichst viel produziert. Der Prozeß der Umweltveränderung durch Entnahme von Rohstoffen wurde bisher zu wenig beachtet. Die Gefahr der Erschöpfung der Rohstoffe wurde nicht gesehen, oder man machte sich Hoffnung auf Erfindungen neuer Ersatzmittel. Damit wurde die Realität verkannt. Die schnellen technischen Veränderungen unserer Zeit verführen zu einer optimistischen und letztlich oberflächlichen Planung.

Folgende Tatsachen machen unsere Materialverschwendung besonders deutlich:
- aufwendiges Verpackungsmaterial (Einwegbehälter, zum Kauf motivierende und Bequemlichkeit fördernde Verpackung),
- kurze Lebensdauer von Produkten,
- starkes Konsumverhalten, Modetrends,

- zu geringe Wiederverwertung (Recycling wird nicht genutzt),
- wenig Reparaturen, dafür Neukauf,
- zu geringe Verwendung von Nebenprodukten (zum Beispiel Abwärme, Abgase, Abwässer).

1. Erkundungsaufgabe

a) Erfragen Sie bei der Redaktion Ihrer Zeitung den jährlichen Papierverbrauch.

b) Vergegenwärtigen Sie sich die Größe eines Ihnen bekannten Waldstücks (z. B. Stadtwald).
Erfragen Sie beim zuständigen Forstamt die etwaige Baumzahl dieses Waldstücks.

c) Berechnen Sie, wie lange die Zeitung in dem bisherigen Umfang erscheinen könnte, wenn das erforderliche Holz für das benötigte Papier aus dem Waldstück geholt würde: Für eine Tonne Papier braucht man etwa 2 mittlere Bäume.

2. Schätzaufgabe

a) 1950 wurde in der BRD für Verpackungsmaterial (das später größtenteils auf Müllhalden landet) über eine Milliarde DM ausgegeben.
Wieviel war es 1970? ☐ Milliarden

b) Wieviel Liter Wasser verbraucht gegenwärtig der Bundesbürger im Haushalt durchschnittlich pro Tag? 1950 waren es 85 Liter.
(Heute können nur noch 60 % des Trinkwasserbedarfs aus fast sauberem Grund- und Quellwasser gedeckt werden, die anderen 40 % müssen erst aufbereitet werden, da sie aus stark verschmutzten Gewässern stammen. Die natürlichen Wasserreservoirs verringern sich; *Bundesministerium des Inneren* 1980, S. 48).
☐ Liter

Vergleichen Sie das Ergebnis Ihrer Einschätzung mit den tatsächlich ermittelten Mengen (siehe Seite 40).

3. Sammeln von Papier
Sammeln Sie sämtliches Papier, das im Laufe einer Woche ungenutzt durch Ihre Hände geht (z. B. ungelesene Zeitungsseiten, Verpackungspapier, einseitig beschriebenes Papier usw.).

4. Verdeutlichung des Konsums
Was haben Sie in Ihrem Haushalt in letzter Zeit
a) repariert oder reparieren lassen,
b) weggeworfen und erneuert (z. B. Kleidung, Haushaltsgeräte)?

Starke Verschmutzung

Auf dem Gebiet der Umweltverschmutzung beginnt man heute hellhörig zu werden. Zahlreiche Skandale in der letzten Zeit, sowie Darstellungen in den Medien über unverantwortliches Handeln der Industrieländer trugen dazu bei, das Bewußtsein in der Öffentlichkeit zu verändern. Die Meinung des einzelnen ist aber häufig noch nicht verinnerlicht, denn er setzt sie nicht in seinem Verhalten um. Während er beispielsweise umweltverschmutzende Betriebe scharf verurteilt, trägt er selbst zur Luftverschmutzung bei, indem er Spraydosen benutzt oder die Umwelt durch Pestizide und scharfe Reinigungsmittel belastet.
Im Rahmen der Umweltverschmutzung sei hier nur kurz genannt:
- Luftverschmutzung,
- Wasserverschmutzung,
- Verschmutzung des Bodens,
- thermale Erwärmung.

Jährlich gelangen 430.000 Tonnen Blei in die Meere (*Kronenzeitung,* Wien vom 12. 4. 1981).
Auf der nördlichen Halbkugel ist der Bleigehalt im Oberflächenwasser der Meere in den letzten Jahrzehnten auf das 3- bis 20-fache

der ursprünglichen Menge angestiegen (*Bundesministerium des Inneren* 1980, S. 44).
Die Nordsee muß jährlich 800.000 Tonnen Schwefel und 340.000 Tonnen Stickstoffverbindungen aufnehmen (*Kronenzeitung,* Wien vom 12.4.1981).
Allein der Rhein transportiert jährlich in die Nordsee:

1.000 – 5.000	Tonnen Chrom
450 – 6.000	Tonnen Kupfer
10.000 – 30.000	Tonnen Zink
150 – 700	Tonnen Kadmium
50 – 130	Tonnen Quecksilber
2.000 – 4.000	Tonnen Blei (*Fischer Öko-Almanach* 1980, S. 55).

1. Bildbetrachtung und Reflexion
Was empfinden Sie bei der Betrachtung des Fotos?

2. Erstellen einer Grafik
Stellen Sie die thermale Erwärmung (Seite 24) grafisch dar. Berücksichtigen Sie dabei, daß die sich verstärkende Wirkung zum Ausdruck kommt.

Lösungen zur Schätzaufgabe
a) 12 Milliarden – b) 142 Liter

3. Überprüfung des eigenen Verhaltens
a) Durchforschen Sie Ihren Haushalt: Wieviel Spraydosen werden von Ihnen noch genutzt, obwohl Sie bereits wissen, daß Ihr Gebrauch durch den Gehalt von Fluorkohlenwasserstoff für die Atmosphäre schädlich ist? Denken Sie dabei nicht nur an Ihre Körperpflege, sondern auch an Schuhpflege, Lackfarben, Medikamente, Putzmittel.
b) Wie dosieren Sie Ihre Wasch- und Putzmittel?

Unzureichende Anwendung technischer Möglichkeiten

Auch hier zeigt sich wieder, daß nach wirtschaftlichen Kriterien entschieden wird: Die technischen Möglichkeiten werden vorrangig unter dem Motiv der Rentabilität entwickelt. Wenn mit einer technischen Veränderung wirtschaftliche Belastungen entstehen, werden diese Veränderungen nicht vorgenommen, erst recht nicht erforscht, da nur die Komponente des Profits ausschlaggebend ist. Forschungen, durch die Lebensqualitäten verbessert werden könnten, wie beispielsweise geringere Verschmutzung, weniger Eingriffe in die Natur, Senkung des Stresses am Arbeitsplatz und Verbesserung des sozialen Klimas, werden kaum vorgenommen, weil damit in der Regel finanzielle Belastungen verbunden sind. Deshalb werden die zur Zeit hierfür denkbaren technischen Möglichkeiten nicht verfolgt und nicht genutzt.

Hier ist zum Beispiel anzuführen:
- Nebenwirkungen technischer Neuerungen werden zu wenig erforscht und einkalkuliert, zum Beispiel bei der Begradigung von Flüssen, bei Autobahnbau, im Flugverkehr,
- bei der Herstellung von Produkten wird zu geringer Wert auf deren Lebensdauer gelegt,
- vorhandene technische Möglichkeiten werden wegen der finanziellen Belastungen nicht genügend genutzt oder erst unter massivem äußeren Druck, zum Beispiel die Verwendung von Filteranlagen, der

Bau von benzinsparenden Motoren, der Einsatz alternativer Materialien und Energiequellen,
- für eine zukunfsbewußte Forschung werden wenig finanzielle Mittel bereitgestellt.

1. Suche nach konkreten Beispielen und deren Motiven
Tragen Sie Aktionen von Bürgerinitiativen zusammen, bei denen das Motiv der Aktion mit technischen Errungenschaften zusammenhängt, zum Beispiel Aktionen, in denen die Bürgerinitiative den Einsatz einer technischen Möglichkeit verhindern will oder ihre genaue Erforschung erreichen möchte.
Diskutieren Sie die Motive.

2. Untersuchung von Verbrauchertips
Untersuchen Sie Verbrauchertips, inwieweit sie die Waren auf umweltfreundliche Merkmale hin analysieren.
Registrieren Sie Reaktionen der Hersteller.

Störender Eingriff in das biologische Gleichgewicht

Die heutige Wirtschaft und die Lebensweise in den Industriestaaten bewirken einen ständigen Eingriff in biologische Regelkreise. Die Auswirkungen dieser teilweise als unbedeutend angesehenen und häufig auch kaum feststellbaren Veränderungen sind heute noch nicht abschätzbar. Hier sei an das Beispiel der thermalen Erwärmung erinnert.

Als weiteres Beispiel soll die Wirkung der Abholzung von Waldgebieten als Eingriff in den biologischen Haushalt kurz angedeutet werden:
- starke Erosion,
- Verkarstung, Austrocknung und Versteppung des Bodens,
- Sinken des Grundwasserspiegels,
- Überschwemmungen in niedriger gelegenen Gegenden, weil das Wasser nicht mehr im Waldboden gehalten wird,
- Auswirkung auf das Klima (Temperatur erhöht sich wegen geringerer Feuchtigkeit und höherem Kohlendioxydgehalt der Luft),
- Veränderung der Pflanzen- und Tierwelt.

Selbstbefragung
Kreuzen Sie an, zu welchen der folgenden schädlichen Einwirkungen in das biologische Gleichgewicht Sie beitragen:

- Töten von lebensnotwendigen Mikroorganismen im Wasser durch Reinigungsmittel im Abwasser ☐
- Veränderung der Insektenwelt durch Kauf von chemisch behandeltem Obst und Getreide ☐
- Eingriff in die Vogelwelt durch das eben genannte Verhalten ☐
- Reduzierung des Grünlandes durch Benutzung eines eigenen PKW und damit Erhöhung des Verkehrsaufkommens und des Straßenbaus ☐
- Abholzung von Wald durch Papierverbrauch ☐
- Veränderung des Grundwassers durch Wasserverbrauch und Wasserverunreinigung ☐
- Veränderung des Bodens, des Grundwassers und der Flora in Flüssen und Meeren durch Düngung oder Förderung der Düngung ☐
- Verunreinigung der Luft z. B. durch Abgase bei Auto und Schornstein, Kauf von Industrieprodukten. ☐

Finanzwirtschaftliche Interessen als ausschlaggebendes Motiv für Fortschrittsdenken

Es fällt bei der notwendigen Zusammenschau der einzelnen Teilaspekte auf, daß der finanzielle Aspekt in der heutigen Denkweise bestimmend ist. Bei dem Aufzeigen der Einzelprobleme kann man die wirtschaftliche Betrachtungsweise als eine wesentliche Motivation für Forschungen, Entwicklungen und Lebensformen feststellen. Diese Ausrichtung gilt nicht nur in der Wirtschaft, sondern auch beim einzelnen, der seine Befriedigung im finanziellen Vorankommen sieht, seine emotional-sozialen Bedürfnisse zurückstellt, sie häufig sogar nicht einmal erkennt. Damit kommen wesentliche Merkmale seiner Wesensart als Mensch zu kurz. Vielleicht spürt er ein diffuses Unbehagen. Sein Gefangensein in den gesamtgesellschaftlichen Wertmaßstäben und der gezielte Einfluß von der Wirtschaft, die den einzelnen als Konsumenten erhalten will, machen ihn aber blind für eine realistische Selbsterkenntnis. Selbst, wenn er sich als manipuliert erkennt, resigniert er häufig gegenüber der unumstößlich vorhandenen wirtschaftspolitischen Macht.

Herr Lehmann hatte Maurer gelernt, er holte später über Abendkurse das Abitur nach und studierte Volkswirtschaft. Das Studium wurde mit unterstützt durch die Berufstätigkeit seiner Frau. Herr Lehmann arbeitet heute als freier Berater in der Industrie, wobei er sich auf die Marktforschung und Produktion von Baumitteln spezialisiert hat. Sein Einkommen stieg ständig. Er hält sich selbst für erfolgreich und ist überzeugt, mit seiner Laufbahn und seiner heutigen Arbeit zufrieden zu sein. Seine Kinder, mit denen er früher häufig spielte, wenn er von seiner Arbeit auf dem Bau heimkam, sieht er jetzt nur noch selten. Wenn er seine anstrengende Tätigkeit unterbricht, ist er erschöpft und gereizt. Sein Sohn, der inzwischen selbst studiert, hält ihm oft vor, daß er nichts vom Leben hat. Herr Lehmann sieht in solchen Gesprächen ein, daß er nur für seinen Verdienst lebt, kann aber einen neuen Auftrag nicht ablehnen, da er sich damit selbst als untüchtig ansehen würde.
Herr Lehmann unternimmt seine Urlaubsreisen gewöhnlich in Länder, die ihm mit Sicherheit sonniges Wetter bieten werden. Er beobachtet dort das Leben der Einheimischen mit Interesse. Er amüsiert sich über den Südspanier, der die Mittagszeit gemächlich geruhsam im Schatten verbringt, oder über die Italiener, die mehrere Stunden ihres Abends »verplaudern«. Er meint, daß diese Länder es zu nichts bringen, weil die Leistungsmotivation des einzelnen zu niedrig ist. Er hält den Südländer für kindlich naiv und unbesonnen in den Tag lebend. Herr Lehmann meint, daß diese Menschen nur deshalb glücklich sind, weil sie sich um ihre Zukunft wenig Sorgen machen. Er ist davon überzeugt, daß die unterentwickelten Länder sich noch entwickeln werden, sobald es gelungen ist, die nächsten Generationen mit mehr Bildung und stärkerer Zielstrebigkeit zu erziehen.

Die Tatsache, Fortschritt nach dem finanziell-wirtschaftlichen Aspekt zu messen, hat den Industriestaaten ein zunehmend wachsendes Bewußtsein enormer Befähigungen geschaffen, da sie in dieser Hinsicht eine erfolgreiche Entwicklung zu verzeichnen hatten. Zugleich wurde ihnen der Blick verstellt, einerseits Begleiterscheinungen der Entwicklung zu erkennen, und andererseits diesen Fortschritt aus anderen Aspekten zu betrachten. Das hat dazu geführt, daß zum Beispiel der Mensch als soziales Wesen zunehmend in Isolierung gerät oder die Natur durch den menschlichen Eingriff geschädigt wird.

Da mit der Euphorie über wirtschaftlichen Fortschritt der Fortschritt in anderen Bereichen verkümmerte, zum Beispiel die Erhöhung der sozial-emotionalen Lebensqualität, fällt es uns heute schwer, uns in eine solche Denkweise einzufühlen. Um Entwicklungen unter solchen Aspekten sehen zu können, müssen wir zuerst einmal den Bezug zu verkümmerten Fähigkeiten wiedergewinnen.
In vielen Entwicklungsländern wird Fortschritt noch nicht so massiv vom wirtschaftlichen Aspekt geprägt wie bei uns. Damit besteht dort noch eine andere Denkweise und eine andere Lebenseinstellung. Selbstverständlich muß diesen Ländern ermöglicht werden, auch ihre physischen Grundbedürfnisse in ausreichendem Maß zu befriedigen. Wir sollten uns aber hüten, ihnen unsere Denkweise als erstrebenswert anzupreisen und sie ihnen aufzuzwingen.

Unsere enormen technischen Errungenschaften haben uns aufgrund unseres eingleisigen wirtschaftlichen Denkens für alle Situationen schnelle Lösungen finden lassen. Wir konnten darauf vertrauen, daß die Technik kurzfristig Lösungen bietet. Diese Tatsache hat eine langfristige zukunftsorientierte Planung erheblich eingeschränkt. Viele Entwicklungsländer stehen jetzt noch an einem Punkt, an dem sie die Weichen ihrer Entwicklung anders stellen können. Werden sie von unserem Imitationsbild ausgehen und unsere negative Entwicklung nachvollziehen, so werden die Möglichkeiten, die Katastrophe abzuwenden, noch geringer. Es geht aber auch nicht an, daß die Industrieländer die Erde ausbeuten und auf ihren bisherigen Vorrechten beharren. Nicht nur wegen der damit verbundenen Ungerechtigkeit, sondern auch, weil eine Fortführung der Lebensweise in den Industrieländern allein bereits zu einer Katastrophe führen würde. Die Industrieländer müssen sich deshalb fragen, wie sie ihre Wirtschaft und ihre Lebensweise verändern können und müssen, und durch welche Grundeinstellungen solche neuen Lebensformen getragen werden können. Dabei dürfen wir keine Zeit mehr verstreichen lassen, denn je länger wir mit Veränderungen warten, desto größer werden die irreparablen Schäden und umso schwerer werden die Alternativen zu finden und durchzuführen sein.

1. Durchdenken von Motiven

a) Verfolgen Sie aufmerksam die Tagespresse im Hinblick auf Fortschritt in der Industrie und Forschung.
Finden Sie eine Meldung über Fortschritt, bei dem nicht der finanzielle Aspekt wesentliches Motiv ist?

b) Durchdenken Sie den Lebenslauf von Leuten Ihres Bekanntenkreises.
Welche Motive veranlaßten sie zur Berufswahl, zu einem evtl. späteren Berufswechsel oder zu einem Stellenwechsel?

2. Rückbesinnung

Welche Verhaltensweisen von Einheimischen beeindrucken Sie bei einem Urlaub im Ausland?

Einfluß der gesellschaftlichen Einstellung auf die psychische Entwicklung und die Erziehung des Kindes

»Was hast du heute gemacht?« fragen Eltern, wenn sie ihr Kind vom Kindergarten abholen. Hinter dem »gemacht« steht meist etwas Gebasteltes, etwas, wobei geschnitten, gefaltet, geklebt, exakt gezeichnet werden mußte. Etwas sichtbar Geleistetes, etwas Meßbares, Vergleichbares, fast in Zahlen ausdrückbar.

»Wie hat mein Kind sich heute in das Spiel integriert, hat es Freunde gefunden?« und ähnliches wird gewöhnlich nur dann gefragt, wenn das Kind in diesem Bereich von der Norm abweicht, auffällig geworden ist.
In der Schule tritt das Werken dann in den Hintergrund. Es wird nicht mehr ernst genommen. An seine Stelle treten Lesen, Schreiben, Rechnen. Jetzt wird in diesen Bereichen gemessen, ob das Kind sich in der erwarteten Weise entwickelt.

Die Entwicklung des Kindes wird nach seinen sichtbaren und meßbaren Leistungen beurteilt. Nicht die Versenkung in das Tun, die Hingabe, das Entwickeln eigenständiger, unkonventioneller Ideen zählt, sondern die kognitiven (erkenntnismäßigen) Denkprozesse, das Nachvollziehen und Verinnerlichen der gesellschaftlichen Erkenntnisse und Normen.

Schon nach kurzer Zeit werden dem Kind in der Schule Leistungsmessungen (Klassenarbeiten) abverlangt, in denen es richtige und falsche Antworten zu unterscheiden hat. Es kann selbst mitvergleichen, welche seiner Klassenkameraden mehr und welche weniger richtige Antworten wußten. Alles ist eindeutig und nachzählbar.

Das Kind lernt, sich selbst und seinen Wert durch den Vergleich mit dem Altersgleichen einzuschätzen. Dabei wird es mit den gleichen Kriterien messen, die in der gesellschaftlichen Wertskala oben stehen. Es wird sein Selbstbewußtsein aus diesen anerkannten Normen, die stark materiell orientiert sind, entwickeln.

Die Erziehungsziele der Eltern, die das Kind in die Gesellschaft integrieren wollen, beziehen sich vorrangig auf den Leistungsbereich, wobei im Hintergrund letztlich das Erreichen einer angemessenen beruflichen Ausbildung und damit das spätere materielle Einkommen gesehen werden. In dieser Weise wird sein gezeigtes Verhalten gelobt und getadelt, verstärkt und gebremst. Verhalten im sozialen Bereich beispielsweise gerät nur dann in das Blickfeld, wenn es von der Norm abweicht und Gefahr besteht, daß das Ansehen der Familie oder des Kindes beeinträchtigt wird. Man versucht,

dem Kind eine glückliche Kindheit zu geben, indem man seine materiellen und physischen Bedürfnisse befriedigt.
Die Stellung im Freundeskreis wird ebenfalls häufig von diesem materiellen Hintergrund bestimmt. Das Kind gewinnt beispielsweise Anerkennung durch sein Spielzeug, seine Kleidung, seine Urlaubsreisen, praktisch durch das Geld, das für es ausgegeben wird.
In dieser Wertskala wächst das Kind auf. Es richtet seine Ziele zunächst nach den Werten der Erwachsenen. In der Pubertät setzt allmählich ein Unbehagen ein, nämlich zu der Zeit, wenn der Jugendliche sich mit sich selbst und seiner bisherigen Normenwelt auseinandersetzt und eigene Wege sucht. Die Krise beginnt dann, wenn er entwicklungsgemäß so weit ist, sich vom Eingebettetsein zu lösen und innere Selbständigkeit zu suchen. Da die heutige Gesellschaftsstruktur nicht mehr so stark wie früher vorgegeben ist (zum Beispiel durch Traditionen und moralische Vorschriften), hat der einzelne einen größeren Raum zur Verselbständigung. Das bedeutet, daß die Krise der Pubertät heute häufig schwieriger abläuft und offenkundiger wird als früher.
Die Auseinandersetzung mit sich selbst veranlaßt den Jugendlichen, nach tieferen Lebenswerten zu suchen. Da die heutige Gesellschaft ihm hierbei zu wenig innere Werte geben kann, greift er ins Leere und findet nicht den Halt, den er braucht. Es bleibt ihm häufig nichts anderes übrig, als zu den alten Werten der Erwachsenen zurückzukehren oder zu resignieren. Diese Resignation äußert sich bei vielen Jugendlichen in wachsendem Drogengebrauch und Depressionen, aber auch in einer allgemeinen negativen Einstellung zu unserer heutigen Gesellschaft. Nur diejenigen Jugendlichen, die aufgrund ihrer bisherigen Erfahrungen eine innere Distanz zu ihrer Umwelt entwickeln konnten und selbstbestimmt handeln können, werden zu eigenen und von der Gesellschaft unabhängigen Lebenszielen finden.

Reflexion: Der Aufbau von Wertmaßstäben beim einzelnen

a) Vergegenwärtigen Sie sich, wie Sie als Kind und Jugendlicher Wertmaßstäbe aufbauten:
   - Welche Wertmaßstäbe Ihrer Eltern sind Ihnen bewußt?
   - Wie erlebten Sie als Kind die Lebensweise Ihrer Eltern?
   - Wo sehen Sie bei sich Ansätze eigenständiger Meinungsbildung, wieweit können Sie diese Ansätze in ihrer Entstehung verfolgen?
   - Wie bewältigten Sie als Jugendlicher die Krise der Selbstfindung? Welche Unterstützung erfuhren Sie durch die Umwelt?
   - Sind die in der Loslösung entstandenen Lebensziele stark abhängig von den Wertmaßstäben Ihrer Eltern oder haben Sie weitgehend eigenständige Normen entwickelt?

b) Empfanden Sie Schwierigkeiten bei dem Bemühen um objektive Sicht?

c) Tauschen Sie Ihre Erfahrungen mit Partnern aus, die sich ebenfalls die Aufgaben a) und b) vorgenommen haben.

Teil 2: Notwendige Veränderungen und ihre gesellschaftspolitischen Konsequenzen

Veränderungsmöglichkeiten sind bisher in verschiedenen Versuchen und Planspielen durchdacht und in unterschiedlichen Ansätzen veröffentlicht worden - die Umsetzung hat allerdings erst in sehr geringem Umfang eingesetzt. Bei diesen Ansätzen wird hauptsächlich von einer Veränderung der wirtschaftlichen Situation ausgegangen, aber auch teilweise eine Veränderung der Grundeinstellungen einbezogen, die sich sowohl auf den einzelnen Menschen wie auch auf das Zusammenleben beziehen.
Unsere gesellschaftlichen Strukturen mit ihren Werten und Normen, mit Lebensweisen und Wirtschaftsformen sind - bedingt durch die komplexen Verquickungen - wenig beweglich. Die Gesellschaft hat Denk- und Handlungsweisen entwickelt, die vielfach fest eingefahren sind und sich nur schwer verändern lassen. Notwendige Veränderungen werden deshalb häufig durch Gesetze und staatliche Sanktionen unterstützt werden müssen.
Um Veränderungen herbeizuführen, sind zwei politische Wege denkbar:
(1) Die politischen Führer erkennen die Notwendigkeit von Veränderungen und setzen sie über Gesetze durch. Dabei kann das moralische Empfinden des einzelnen durch gute Schulung geprägt werden, beispielsweise kann der einzelne dazu gebracht werden, nur mit schlechtem Gewissen in einem Raum zu sitzen, der über das Erlaubte erwärmt ist. Der einzelne fügt sich dann zwar der Anordnung, es ist aber fraglich, ob er diese veränderte Lebensweise mitverantwortlich trägt.
Mit demokratischen Denk- und Lebensweisen ist diese Regie-

rungsform aber schwer vereinbar. Sie wird deshalb in permamenter Gefahr von Krisen stehen und von Zusammenbrüchen und Revolutionen nicht verschont bleiben. Diese Gefahr mit ihren nicht absehbaren Folgen verstärkt sich ins Unermeßliche, wenn man sich weltweit Regierungen in dieser Form vorstellt.
(2) Es ist für uns zur Zeit nur eine demokratische Regierungsform optimal denkbar, in der Gesetze von der Mehrheit der Bevölkerung getragen werden, das heißt, in der breite Bevölkerungsschichten die Veränderungen akzeptieren und verantworten.
Nun müssen diese Veränderungen nicht als reine Einschränkungen verstanden werden, sondern können sogar im Sinne veränderter Werte Grundlagen eines neuen willkommenen Lebensgefühls werden. Erst, wenn es möglich geworden ist, durch ein neues Bewußtsein und durch eine veränderte Grundeinstellung andere Lebens- und Wirtschaftsformen zu *wollen*, können politische Konsequenzen auf demokratischer Ebene folgen. Beim Aufbau geänderter Einstellungen kommt dem Pädagogen eine breite Aufgabe zu, einmal aus dem Auftrag der Erziehung des Kindes bzw. des Jugendlichen, zum anderen im Bildungsprozeß der Erwachsenen.

Notwendige Veränderungen können hier nicht in ganzer Breite erörtert werden. Von diesem komplexen Bereich sollen nur einige Aspekte aufgezeigt werden. Innerhalb dieser Teilbereiche wird weitgehend beispielhaft gearbeitet, um denkbare Entwicklungen zu veranschaulichen. Davon abgesehen müssen diese aufzuzeigenden Richtungsänderungen als mögliche Wege, aber nicht als die einzige Alternative angesehen werden. Wir, die heutige Generation, sind erst am Beginn dieser Denkprozesse. Hier werden sich noch Wege öffnen, die wir jetzt nicht erkennen und denken können, weil wir zu sehr in unserem System befangen sind.

4 Veränderung der Wirtschaft und der Lebensweise

Man könnte sich eine Veränderung der Wirtschaft und der Lebensweise in Zukunft unterschiedlich vorstellen:

Sie könnte darin liegen, daß die heutige Produktion und der heutige Verbrauch in ihrer Richtung beibehalten, aber eingeschränkt werden, um eine Vergrößerung der Probleme zu vermeiden.

Es können aber auch grundlegende Änderungen in Werteinstellungen, Gesellschaftsordnungen und Wirtschaftssystemen stattfinden.

Für beide Ansätze sind heute Anfänge konkreter Schritte festzustellen.

Beispiele:

- Energiesparmaßnahmen
- Sammlung von Altmaterial
- Strengere Vorschriften in der Bauweise

- Junge Leute, die auf eine Karrierelaufbahn und hohen Verdienst verzichten, um eine befriedigende Berufsarbeit zu finden
- Interesse an bio-dynamischem Anbau

Der erste Ansatz allein würde allerdings in keinem Falle ausreichen. Die Probleme wären durch eine Reduzierung nicht beseitigt.

Gleichgültig, in welcher Richtung zukünftige Entwicklungen weiterführen, wir werden innerhalb der Wirtschaft und damit innerhalb der Lebensweise mit Sicherheit stärker berücksichtigen müssen:

- ökologische Grundbedingungen,
- naturgegebene Bedürfnisse des Menschen,
- das gesellschaftliche weltweite Zusammenleben.

Diese Aspekte dürfen nicht nur unter kurzfristiger Betrachtungsweise gesehen werden, sondern die Dimension der Zeit muß viel stärker als bisher einbezogen werden.

Selbstbefragung

Verdeutlichen Sie sich Ihre eigene augenblickliche Position und machen Sie sich bewußt, ob Sie und wie Sie bereits mit Veränderungen beginnen:
(Beantworten Sie nur diejenigen Fragen, bei denen Sie Ansätze realisieren)

1. Wie tragen Sie zur Wiederverwertung von Rohstoffen bei?
2. Wie sparen Sie Wasser?
3. Wie versuchen Sie, Ihren Energieverbrauch im Haushalt zu senken?
4. Wie reduzieren Sie Ihren Benzinverbrauch?
5. Wie tragen Sie zu einer geringeren Umweltverschmutzung bei?
6. Was tun Sie zum Schutze von Tieren und Pflanzen?
7. Welche Maßnahmen sind Ihnen möglich, um das weiter ansteigende Konsumverhalten zu bremsen?
8. Wie tragen Sie zu einem sozialeren Verhalten in Ihrer Nachbarschaft bei?
9. Welche Initiativen ergreifen Sie, um Ihren Arbeitsplatz menschlicher zu gestalten?
10. Wo sehen Sie in Ihrem persönlichen Bereich Möglichkeiten, alternative Lebensweisen zu entwickeln?
11. Blättern Sie zurück zu dem »Weltspiel« Seite 20. Welche Einkommensverteilung würden Sie als gerecht ansehen und was würde das für Sie bedeuten?
12. Würden Sie Ihre Wohnung mit einer umweltunschädlichen Energiequelle (z. B. Sonnenkollektoren) beheizen, wenn die Anschaffungskosten durch die geringeren Öl- bzw. Gaskosten erst in 20 Jahren ausgeglichen wären?
13. Bis zu wieviel Prozent mehr Geld würden Sie für Lebensmittel ausgeben, die nicht künstlich gedüngt wurden? (Geringere Belastung und geringere Auslaugung des Bodens)

Ökologisch verantwortliche Wirtschaft und Lebensweise

Unsere Wirtschaft und unsere Lebensweise müssen sich dahingehend verändern, daß schädigende Eingriffe in die Natur nicht mehr vorgenommen werden. Solche Veränderungen erscheinen relativ möglich, wenn wir sie aus der Sicht der gegenwärtigen Wohlstandssituation der Industrieländer betrachten. Sie müssen aber auch eingeleitet werden, wenn dadurch Versorgungsschwierigkeiten entstehen und bereits vorhandene Engpässe verstärkt werden.

Beispiele dafür sind:
Der Energieverbrauch muß reduziert werden, bis neue umweltweltfreundliche Technologien entwickelt worden sind.
Geringere landwirtschaftliche Erträge durch Reduzierung der Düngung, die sich in den Entwicklungsländern am schwersten auswirken werden, müssen durch Ernährungsumstellung in den Industrieländern und eine andere Warenverteilung ausgeglichen werden.

Sowohl in der Wirtschaft wie auch in der Einstellung einzelner Konsumenten sind Ansätze zu erkennen, ökologisch verantwortlicher zu handeln. Insgesamt sind diese Ansätze aber noch viel zu gering und fußen zu einem großen Teil auf einem Weniger (geringerer Verbrauch), nicht aber auf einer grundlegenden Veränderung.

Im einzelnen müßte zum Beispiel erreicht werden:
Geringerer Verbrauch von Rohstoffen
- Recycling (Wiederverwertung von Rohstoffen) und Nutzung von Abfallprodukten,
- langer Nutzungswert von Produkten,
- Erforschung alternativer Materialien,
- optimaler Einsatz von Rohstoffen (zum Beispiel wird zur Zeit Öl verbrannt anstatt es für industrielle Produkte wie Medikamente, und Plastik als Ersatz für andere noch knappere Rohstoffe vorzubehalten);

Ökologisch verantwortlicher Energieeinsatz
- sparsamer Verbrauch von Energie (zum Beispiel durch Veränderung von Lebensgewohnheiten wie geringere Raumwärme),

- vollständige Ausnutzung vorhandener Energie,
- Erforschung und Nutzung alternativer Energiequellen;

Geringe oder keine Verschmutzung
- durch bewußteres Wahrnehmen von Verschmutzungsursachen und durch entsprechend gezielte Produktion sowie daran angepaßtes Konsumverhalten,
- durch größere Bereitschaft, höhere Unkosten zu tragen,
- durch intensivere Erforschung von Nebenwirkungen technischer und chemischer Verfahren und deren Wirkungen in der Zukunft (zum Beispiel Unschädlichmachung von hergestellten Produkten wie Plastik und Gifte),
- durch Weiter- und Wiederverwendung anstelle von Ablagerung;

Gezielte Beachtung biologischer Regelkreise
- sparsamster Einsatz von chemischen Düngemitteln und Pestiziden,
- Vermeidung von gefährlichen Veränderungen in der Pflanzen- und Tierwelt (zum Beispiel durch Monokulturen, Abholzung usw.),
- stärkere Berücksichtigung der Bedeutung des Wassers (Grundwasserspiegel, Feuchtigkeitsgehalt des Bodens, Verschmutzung des Grundwassers, der Flüsse, der Meere).

1. Diskussion über Motive von Veränderungen
Vergegenwärtigen Sie sich Ansätze von Veränderungen in der Industrie und im Leben einzelner, und diskutieren Sie deren Hintergründe.
Beispiele: Senkung des Ölverbrauchs; Sammlung von Altpapier, Glas, Plastik; Nutzung der Abwärme; Reduzierung der Düngemittel; Einsatz alternativer Energiequellen usw.

2. Gespräch im Bekanntenkreis
Blättern Sie zurück zu Seite 40 und betrachten Sie mit Bekannten das Foto (rauchende Fabrikschornsteine).

a) Welche Assoziationen bzw. spontanen Äußerungen können Sie bei den Betrachtern feststellen?
b) Erfragen Sie,
ob diese Assoziationen konstant sind,
ob sie erst in letzter Zeit hervorgerufen wurden,
und ob es für möglich gehalten wird, daß sie sich in Zukunft ändern.

3. Diskussion über Atomenergie
Setzen Sie sich mit Motiven und Argumenten von Atomkraftgegnern auseinander.
Bedenken Sie dabei auch, inwieweit ökologische Zusammenhänge in der Argumentationsweise der Kernkraftgegner berücksichtigt werden, d. h. die Wirkung radioaktiver Strahlung und radioaktiver Abfälle auf die Natur.

4. Übung zur Festigung des eigenen Standorts
Versuchen Sie in der Realität oder im Rollenspiel jemanden durch Argumente zu einer ökologisch verantwortlicheren Lebensweise zu überzeugen. Wählen Sie dazu einen Ihnen als geeignet erscheinenden Aspekt aus.

Dem Menschen gegenüber verantwortliche Wirtschaft und Lebensweise

Der Mensch wird bisher als Arbeitskraft gesehen, die sich der Wirtschaft zu unterwerfen hat. Die Grundbedürfnisse des Menschen werden zunehmend weniger berücksichtigt. Streß und Frustration nehmen sowohl in der Arbeitsstätte wie auch im Privatleben des einzelnen zu. Diese psychischen Belastungen beeinflussen den Menschen insbesondere in den Industrieländern erheblich und verringern seine Lebensqualität.
Die Wirtschaft müßte sich so verändern, daß Arbeitsformen und Produktion den Bedürfnissen der Menschen untergeordnet werden. Der einzelne Mensch müßte seine vielseitigen Bedürfnisse erkennen und in Handlung umsetzen. Das würde zum Beispiel bedeuten, daß die bevorzugte Gewichtung der wirtschaftlich-finanziellen Erfolge zugunsten des sozial-emotionalen Bereiches reduziert wird. Dabei muß unter dem Gesichtspunkt der Verantwortung gegenüber dem anderen Menschen gehandelt werden, und zwar nicht nur gegenüber demjenigen, dem man begegnet, sondern auch gegenüber

dem regional entfernten und gegenüber dem zukünftigen Menschen.

Wenn die Wirtschaft den Bedürfnissen des Menschen stärker untergeordnet werden soll, muß sie von grundlegend anderen Gesichtspunkten als seither ausgehen. Das bisherige Schwergewicht des finanzwirtschaftlichen Aspekts muß reduziert werden. Die hierbei anzustrebenden Ziele weisen eine enge Parallelität zu denen einer ökologisch verantwortlichen Ausrichtung auf.

Eine Veränderung wäre anzustreben, zum Beispiel durch:
- Reduzierung des Macht- und Profitdenkens als Ausgangsbasis für technische Entwicklungen zugunsten menschlicher Bedürfnisse, zum Beispiel durch die Unterstützung kleiner, selbständiger Betriebe und durch die Förderung durchschaubarer und weniger aufgeteilter Produktionsherstellung,
- Dezentralisierung der Wirtschaft mit kürzeren Anfahrtswegen und dadurch Beendigung des extensiven Straßenbaus, Reduzierung von Lärm und Abgasen und Erhaltung von Erholungsgebieten und landwirtschaftlich nutzbarem Boden,
- Schaffung von Arbeitsplätzen, die den menschlichen Fähigkeiten stärker entsprechen, zum Beispiel Veränderung der lauten und großen Arbeitshallen in überschaubare, menschenfreundliche Arbeitseinheiten und durch Vermeidung von eintönigen Arbeitsabläufen und von belastendem Arbeitsstreß,
- Ermöglichung von individuellen und sozialen Beiträgen innerhalb der Arbeitsstätte, um Selbstbestätigung und sozialen Bezug zu erlangen, zum Beispiel durch eigenständige Arbeitsleistungen und stärkere Kooperationsmöglichkeiten im Arbeitsprozeß,
- stärkeren Bezug der Arbeit zum persönlichen Bereich (geringerer Bruch zwischen Arbeit und Freizeit), indem der Mensch als ganze Person gefordert wird und nicht nur mit einzelnen Funktionen,
- Planung und Herstellung von Waren, die den Bedürfnissen der Menschen stärker entsprechen, zum Beispiel nicht perfektionierte und Kreativität einschränkende Produkte, nicht eine Verbesserung von Waren, die sich nur auf eine äußere Wirkung bezieht, sondern eine Verbesserung der Qualität,
- Abbau der Werbung als Manipulationsinstrument, das unechte Bedürfnisse weckt und den Konsum über ein notwendiges Maß steigert.

Beispiel für einen Ansatz einer Veränderung in der Wirtschaft:
In einem Werk der Peiner Maschinen- und Schraubenwerke AG wurde von November 1975 bis Oktober 1979 ein Forschungsprojekt zur Humanisierung von Arbeitsplätzen vorgenommen. Die größtenteils ungelernten Arbeiter und Arbeiterinnen wurden in die Entwicklung des Projekts einbezogen. Sie hatten die Möglichkeit, selbst ihre Arbeitssituation zu analysieren und Verbesserungsvorschläge zu entwickeln.
Unter anderem erreichten sie:

- Lärmisolierungen im Arbeitsbereich,
- den Bau eines Pausenraumes,
- die Reduktion von körperlicher Belastung aufgrund von bewegungsarmen Haltungen an den Maschinen.

In diesem Programm wurde festgestellt, daß die Arbeiter durchaus in der Lage waren, ihre Arbeitssituation zu durchdenken und Beiträge zu einer Verbesserung einzubringen.*

Nicht nur die Industrie, auch die heutige Lebensweise in der Bevölkerung ist charakterisiert durch starke Isolation und Konsum. Wesentliche Motivation für die eigene Lebensgestaltung ist die Befriedigung egoistischer und meist konsumorientierter Bedürfnisse. Diese Ausrichtung in der Lebensgestaltung ist vor allem durch den Aufschwung in Technik und Wirtschaft bedingt. Der einzelne ist bestrebt, sich technische Errungenschaften leisten zu können. Er läßt sich von der konsumorientierten Einstellung der Gesellschaft bestimmen. Sich davon zu lösen, bedeutet nicht nur eine Bewußtmachung bzw. eine gedankliche Auseinandersetzung, sondern vor allem eine Änderung der konkreten Lebensgestaltung. Diese Änderung ist deshalb so schwierig, weil der einzuschlagende Weg eine Konfrontation mit der gesellschaftlichen Richtung bringen muß.

Familie Schumann erkennt, daß durch das Fernsehen die familiären sozialen Bezüge leiden. Die Familienmitglieder besprechen ihr Unbehagen und beschließen, an einigen Abenden gemeinsame Aktivitäten vorzunehmen anstatt fernzusehen.

* nach: Die Ergebnisse des Peiner Projekts zur Humanisierung der Arbeit, in: DGB Gewerkschaftliche Bildungspolitik 8/80, S. 272 ff

Weder die Kollegen von Herrn Schumann noch die Freunde der Tochter Sabine oder die Nachbarn bringen für diese Handlungsweise Verständnis auf.
Familie Schumann will versuchen, die positiven Erfahrungen aus ihrer veränderten Lebensform hinauszutragen, um nicht nur für die eigene Familie das neue Sozialverhalten zu erleben, sondern es weiterzugeben. Mit dem Einbezug anderer können sie zugleich das soziale Erleben für sich selbst ergänzen. Sie besuchen Familie Gärtner. Sie müssen nun Familie Gärtner veranlassen, das Fernsehen auszuschalten und mit ihnen Kontakt aufzunehmen. Möglicherweise stoßen sie auf Unverständnis.

Änderungen in einer emotional-sozialen Ausrichtung sind relativ vorstellbar innerhalb der Familie, sie müssen aber auch hinausgetragen werden und müssen Eingang in das Berufsleben finden. Bei diesen Änderungen muß die Berücksichtigung des Gemeinwohls das Hauptprinzip sein. Die individuelle Bedürfnisbefriedigung muß dem gegenüber zurücktreten.

Ansätze zu stärkerer emotional-sozialer Ausrichtung könnten sein:
- Nutzung des Arbeitsplatzes auch als soziale Begegnungsstätte,
- sozial orientiertes Freizeitverhalten,
- Reduzierung des Konsums, statt dessen weitgehend gemeinsame Nutzung von Gebrauchsgegenständen,
- stärkeres Zusammenleben der unterschiedlichen Generationen,
- Übernehmen von Mitverantwortung bei regionalen und gruppenspezifischen Problemlösungen,
- Berücksichtigung des regional entfernten und des zukünftigen Menschen bei der eigenen Handlungsweise.

1. Durchdenken der eigenen Arbeitsplatzsituation
a) Überlegen Sie, ob an Ihrem Arbeitsplatz der einzelne Mensch unterschiedliche Fähigkeiten einbringen kann oder ob lediglich eine einzige Tätigkeitsform von ihm gefordert wird.
b) Was könnte man in Ihrer Arbeitsstelle ändern, um die Arbeit menschlicher (damit ist nicht gemeint bequemer!) zu gestalten.

2. Auseinandersetzung mit Konsumentenverhalten
Wie könnten Sie als Konsument dazu beitragen, daß monotone Arbeitsabläufe reduziert werden?

3. Selbstbestimmung
a) Suchen Sie zu jedem Punkt auf Seite 60 ein Beispiel aus Ihrem Lebensbereich, das sich verwirklichen ließe.
b) Worin liegt die Schwierigkeit, diese Beispiele durchzuführen?

Weltpolitisch verantwortliche Wirtschaft und Lebensweise

Die bisherigen wirtschaftlichen Bemühungen gehen in der Regel von Gesichtspunkten aus, die den eigenen Nutzen und den eigenen Erfolg in den Mittelpunkt stellen.
Unsere Vorfahren lebten regional abgeschlossen. Ihr wirtschaftliches Handeln war von ihrer Lebensstruktur her gesehen in dieser Form bedingt (zum Beispiel kaum überregionale Kommunikation, weitgehend autonome Selbstversorgung). Mit der Veränderung der Technik und der Lebensweise hätte sich auch das regionale und zeitdimensionale Denken verändern müssen. Zum Beispiel mit Beginn des Handels mit einem Volk hätte sich zugleich auch ein Wirgefühl entwickeln müssen. Statt dessen nutzte der Stärkere mit seiner Machtposition den Schwächeren aus und unterdrückte so das Zustandekommen partnerschaftlicher Kooperation. Kooperation hätte bedeutet, daß mit der Reduzierung der regionalen Abgeschlossenheit auch eine wirtschaftliche und gesellschaftliche Verflechtung entstanden wäre, die ein gegenseitiges Verantwortungsgefühl eingeschlossen hätte. Wir haben aber in dieser Hinsicht eine notwendige Entwicklung nicht vollzogen, während in anderen Gebieten, zum Beispiel im Bereich der Technik, enorme Veränderungen zu verzeichnen sind.

Die Situation hat sich heute so zugespitzt, daß sich beispielsweise durch folgende Entwicklungen starke Diskrepanzen ergeben:

- Die Medientechnik und die Transportmöglichkeiten vermitteln uns sehr schnell Nachrichten über Lebensführung und Probleme einzelner Völker und schaffen damit äußere Beziehungen. Echte Verbundenheit und gegenseitige Verantwortung sind allerdings kaum entwickelt worden.
- Die Erde wird durch die Bevölkerungszunahme und den steigenden Verbrauch an Rohstoffen und Naturprodukten ausgeschöpft. Hierbei eignet sich der Mächtigste den größten Teil an, kooperative Handlungsstrategien fehlen.
- Die Technik ist so weit fortgeschritten, daß unsere Eingriffe in die Natur nicht mehr nur regionale sondern überregionale Auswirkungen haben und wir deshalb ständig in den Lebensbereich anderer Völker eingreifen, zum Beispiel durch thermale Erwärmung, Verschmutzung der Flüsse und Meere, Abbau der Rohstoffe.

Mit den Veränderungen in Technik und Lebensweise hat sich das früher regional begrenzte Denken wenig verändert, und das Verhältnis zwischen Mächtigen und Unterdrückten hat sich verstärkt.
Dieses regional begrenzte Denken wird noch potenziert durch die Nichtbeachtung des zeitlichen Gesichtspunktes. Beispielsweise eignen sich die mächtigen Länder Rohstoffe aus Entwicklungsländern in einem solchen Ausmaß an, daß nicht nur das Land mit den Abbaustätten wenig erhält, sondern auch sein einziger Reichtum für die Zukunft abgebaut wird. Damit werden die zukünftigen Chancen des Entwicklungslandes, seine eigene Lebenssituation zu verbessern und seine Selbstbestimmung zu erhöhen, zunichte gemacht.
Eine veränderte Haltung haben zur Zeit die ölproduzierenden Länder entwickelt, indem sie sich auf internationaler Ebene gegenseitig stärkten und auch durch rationalen Abbau den Zeitfaktor berücksichtigten.

Es kommt darauf an, daß sowohl überregionales Denken und Handeln entsteht wie auch ein Leben, das nicht nur auf Gegenwart und nahe Zukunft ausgerichtet ist, sondern vor allem die weitere Zukunft einbezieht.
Arbeitsgruppen des Clubs of Rome entwickelten einen Lernbericht, in dem sie notwendige Lern- und Handlungsveränderungen für eine zukünftige Lebensweise darstellten.
Das überregionale Denken wird durch das partizipatorische Lernen aufgebaut, was als Gefühl für räumliche Zugehörigkeit verstanden wird. Das zeitdimensionale Denken, das heißt, das Gefühl für die zeitliche Zugehörigkeit, wird durch das antizipatorische Lernen bestimmt. Diese beiden Lernarten in ihrer Verbindung werden von den Verfassern als innovatives Lernen bezeichnet. Sie meinen, »daß innovatives Lernen Individuum und Gesellschaft auf gemeinsames Handeln in neuen Situationen vorbereiten kann« (*Club of Rome* 1980, S. 34).
Dieses Lernen kommt aber heute viel zu kurz.

Es wird in der Regel angenommen, Entwicklungshilfe entspringe innovativem Denken, weil bei Entwicklungshilfeprojekten international gedacht und zukünftige Entwicklungen einbezogen werden. Bei vielen bisherigen Hilfsmaßnahmen ist das nicht der Fall. Es wird zwar oft mit guter Absicht geplant und versucht, unsere technischen Fortschritte anzuwenden; unser Mangel an innovativer Denkfähigkeit schränkt den Erfolg bei der Umsetzung aber ein.
In der Transkei wurde beispielsweise den Bauern ein landwirtschaftliches Programm vermittelt, das auf den Erkenntnissen chemischer Pflanzenbehandlungsmittel basierte. Um die Maisernte zu verbessern, wurde den Bauern ein Unkrautvernichtungsmittel angeboten. Die Anwendung des Mittels bewirkte, daß das Unkraut im Mais reduziert wurde und die Maisernte sich verbesserte. Die Bauern wurden aber nicht darüber informiert, daß das Mittel langfristig wirken würde, damit den Anbau anderer Nutzpflanzen in den kommenden Jahren negativ beeinflussen und Ernten stark reduzieren würde. Da die Bauern als weitgehende Selbstversorger auf den gleichzeitigen Anbau unterschiedlicher Feldfrüchte angewiesen waren, wurde das Verwenden der chemischen Substanzen zu einer Existenzbedrohung. Die behandelten Felder hätten in den nächsten

Jahren wieder mit Mais bebaut werden müssen. Die Bauern waren an wechselnde Feldwirtschaft gewöhnt und auch weder finanziell noch wissensmäßig in der Lage, über künstliche Düngung Monokultur zu betreiben. In ihrer Unwissenheit konnten die Bauern die Folgen des Programms nicht durchschauen.
Die europäischen Berater haben sich in diesem Beispiel nicht genügend partizipatorisch in die Betroffenen eindenken können und haben ebensowenig antizipatorisch in der ungewohnten neuen Situation entscheiden und Langzeitwirkungen einbeziehen können.

Durchdenken von Konsequenzen (siehe Abb. S. 65)

a) Was hat diese Entwicklung für Auswirkungen auf das Industrieland und auf das Entwicklungsland?
b) Wie konnte es zu dieser Entwicklung kommen?
c) Suchen Sie nach Möglichkeiten (auch nach unrealistischen), wie diese Entwicklung gestoppt werden könnte. Was würden die gefundenen Möglichkeiten für Sie persönlich bedeuten?

Vom regionalen Handeln zu weltweiter Solidarität

Es ist uns in unserer heutigen Denkweise schwer vorstellbar, wie wir uns von einem regional-nationalen Denken lösen und zu einem weltweiten Wir-Denken finden könnten. Wenn es uns aber bereits - wenn auch nur in schwachen Ansätzen - gelingt, übernationale Bündnisse zu schließen und zu nutzen (z. B. NATO, EG), müßte es auch denkbar sein, solche Bündnisse weltweit zu intensivieren und effektiver zu gestalten. Möglicherweise wird das allerdings nicht erreichbar sein, solange keine akute Gefahr für uns wahrgenommen wird, sondern es wird erst dann möglich sein, wenn die ersten Auswirkungen unserer egoistischen Lebensführung sichtbar lebensbedrohend für die *gesamte* Weltbevölkerung werden. Sollte das weltweite Wir-Denken nur in der Konfrontation mit einer bedrohenden Macht vorstellbar sein, so kann die in

Kaufkraftverluste für die Entwicklungsländer

Beispiel: Kaffee/Tansania 1961–1974

1961–64

Für **1 Uhr** aus der Schweiz
musste Tansania **7,5 kg Kaffee** exportieren

1971–74

Für **1 Uhr** aus der Schweiz
musste Tansania **14,2 kg Kaffee** exportieren

(aus: *Strahm* 1978, S. 46)

Unordnung gebrachte Natur diese lebensbedrohende Macht darstellen. Es muß sich nicht um eine politische Konfrontation mit einem anderen Land handeln.

Im einzelnen müßten vor allem wir Industrieländer zum Beispiel erreichen:
- Abbau von nationalen Wirtschaftinteressen,
- Aufbau von Existenzgrundlagen in Regionen mit Arbeitslosigkeit und Existenzbedrohung,
- Ausbau von Produktionsmöglichkeiten des jeweiligen Landes, um Abhängigkeiten zu reduzieren,
- Infragestellung der Vorbildwirkung der Industrieländer und damit Veränderung des Einflusses auf die Entwicklungsländer,
- Abstimmung der Produktionsergebnisse auf ein ökologisch und gesellschaftlich vertretbares Maß unter Einschränkung der Konsumansprüche insbesondere der Industrieländer, z. B. Reduzierung der Lebensmittelausfuhr von Ländern mit Unterernährung und Hilfe beim Aufbau anderer Wirtschaftszweige,
- Begrenzung des Existenzmaximums (im Gegensatz zum seit langem formulierten Existenzminimum, das allerdings noch nicht einmal für jeden erreichbar ist).

Brainstorming

Benennen Sie lebensbedrohende Eingriffe in die Natur, die überregionale Auswirkungen haben und deshalb nicht national zu lösen sind.
Suchen Sie nach (auch durchaus utopisch erscheinenden) internationalen Lösungen.
Beispiel: Abholzung
Lösungen:
- Verzicht auf individuelle Nutzung der Tageszeitung,
- strenges Sammeln von Altpapier,
- technische Entwicklung alternativer Papierherstellung,
- haltbare und reparaturfreundliche Möbel,
- Steuer auf Holzverbrauch als Entschädigung für Entwicklungsländer, in denen abgeholzt wurde,
- Abgabe von Altpapier beim Kauf eines Buches.

Noch schwieriger als vom regionalen zum weltweit verantwortlichen Handeln zu finden, dürfte es sein, in persönliche, wirtschaftliche und politische Entscheidungen zukunftsbezogene Konsequenzen einzubeziehen. Wir sind durch die Entwicklungen insbesondere in den letzten Jahrzehnten gewohnt, entstehende Engpässe und Probleme durch technische Entwicklungen und Fortschritte zu lösen. Wir konnten uns deshalb die Sorge um die Zukunft häufig ersparen. Erst jetzt wird uns langsam bewußt, daß sich unser Vertrauen in die Technik nicht bewährt hat und daß unsere Leichtgläubigkeit uns teuer zu stehen kommt. Trotzdem fehlt uns gerade in dieser Denkrichtung noch immer der notwendige Weitblick, insbesondere, da zukunftsorientierte Entscheidungen in der Regel einen stärkeren Einsatz finanzieller Mittel aber auch von Arbeitskraft bedeuten. Sie vereinbaren sich deshalb schlecht mit unserer profitorientierten Denkweise.

Um den innerern Widerstand in der heutigen gesellschaftlichen Handlungsbereitschaft zu verdeutlichen, ist es erforderlich, die Problematik ausführlicher an einigen Beispielen darzustellen.

Beispiel I: Folgen der Wasserentnahme aus dem Ried für das Rhein-Main-Ballungsgebiet:

- der Grundwasserspiegel im Ried sinkt,
- Pflanzen- und Tierwelt verändern sich, Wälder sterben ab,
- Naturschutz- und Erholungsgebiete gehen verloren,
- landwirtschaftliche Erträge verringern sich,
- die Erde sinkt, es entstehen Bauschäden.

Die Schäden in Millionenhöhe treten langsam, teilweise erst nach Jahren auf. Wegen des wachsenden Bedarfs werden neue Gebiete zur Grundwasserabsaugung erschlossen und ähnliche Schäden hervorgerufen (Kinziggebiet, Vogelsberg).

Im Vogelsberg (ebenfalls Wassereinzugsbereich für das Rhein-Main-Gebiet) ist der Grundwasserspiegel bereits 6 bis 12 Meter unter das ursprüngliche Niveau abgesenkt worden. Trotzdem wird die Grundwasserabsaugung noch gesteigert. Man rechnet mit einer Steigerung bis zum Dreifachen der jetzigen Menge (*Fischer Öko-Almanach* 1980, S. 45).

Mögliche, auf Langzeitwirkung abgestimmte Veränderungen wären die Verwendung von Rhein- und Mainwasser als Brauchwasser und eine Beschränkung des wertvollen Grundwassers auf Trinkwasser. Das würde zwar zur Zeit eine teure Anlage eines zweiten Wasserversorgungsnetzes bedingen, gesamtwirtschaftlich aber weit weniger Schaden hervorrufen und weniger Kosten bedeuten.
Wir müssen also zu einer Haltung finden, in der wir bereit sind, augenblicklich hohe Kosten zu tragen, wenn damit später entstehende, nicht mehr gut zu machende Schäden vermieden werden können.

Beispiel II: Die gegenwärtige Situation bei der Beschäftigung ausländischer Arbeitnehmer:
- augenblickliche Arbeitsmarktlücken werden durch Gastarbeiter gefüllt,
- uns unangenehme Arbeiten werden an sie übergeben,
- Abhängigkeitssituationen dieser leistungsschwächeren Menschen werden verstärkt,
- die Dauer des Aufenthaltes der Gastarbeiter bleibt häufig unbestimmbar,
- die Integration der Arbeiter und ihrer Familien wird kaum einkalkuliert und angestrebt (zum Beispiel Arbeitsplatz, Beschulung, Einbürgerung),
- der Arbeiter wird mit seiner Familie im Heimatland entwurzelt,
- Gastarbeiter bleiben das schwächste Glied in der Kette, bei Engpässen wird ihnen kurzfristig die Aufenthaltsgenehmigung entzogen.

Ansätze zur Veränderung: Bei einem Anwerben von Gastarbeitern müßte deren Integration mit allen entstehenden Problemen einbezogen werden, oder - vernünftiger - unsere Arbeitsmarktsituationen müßten bei Investitionen einkalkuliert und unser Arbeitsmarkt auf unsere eigene Arbeitsleistung abgestimmt werden. Auch unbeliebte Tätigkeiten müssen von uns übernommen werden. Unsere Konsum- und Wohlstandsansprüche müssen sich auf unsere Arbeitsleistung beziehen. Zugleich müßte dem Gastarbeiter in seinem Land durch überregionale wirtschaftliche und gesellschaftliche Strukturen zu einem sinnvollen Arbeitsplatz verholfen werden.

Beispiel III: Monokulturen
Gegenwärtiger Vorteil: höhere Erträge bei geringerem Arbeitseinsatz.
Folgen:
- negative Auswirkung durch Abholzung,
- Auslaugung des Bodens durch Bebauung gleicher Pflanzenarten,
- Zunahme der Schädlinge durch große Anbauflächen und damit Eingriff in biologische Regelkreise,
- Notwendigkeit von zunehmender Düngung und von verstärktem Einsatz von chemischen Schädlingsbekämpfungsmitteln,
- verstärkte Erosion,
- zentralisierte Produktion: kapitalintensiv, weite Transportwege, hoher Energiebedarf,
- Erhöhung der Machtstellung der großen Unternehmen, Kleinbauern werden in abhängige Industriearbeitsplätze abgedrängt.

Mögliche Veränderungen: Von Monokulturen müßte abgesehen werden. Kleinere Felder mit ausgewogen wechselnder Bebauung müßten wieder entstehen. Das bedeutet eine Umstellung in der Landwirtschaft beispielsweise auf kleinere Maschinen und wieder mehr Handarbeit sowie daraus folgend eine Steigerung der Preise für Agrarprodukte. Eine solche Veränderung kann nicht nur von den direkt Betroffenen, sondern muß von der gesamten Gesellschaft aus dem Wissen um die Gefährlichkeit unserer heutigen Wirtschaftsweise für zukünftige Lebensmöglichkeiten mitgetragen werden.

Entwicklung eines weiteren Beispiels

Bearbeiten Sie am Beispiel des Autos unsere zeitlich begrenzte Denk- und Handlungsweise, indem Sie Produktion, Nutzung und Werbung kritisch beleuchten.

5 Veränderungen der Einstellungen und Grundhaltungen

Die gesellschaftlichen Werteinstellungen und Grundhaltungen können als bedeutende Ursachen und Antriebskräfte für Wirtschaftsformen gesehen werden.

Wenn das Auto in der Gesellschaft als Statussymbol hoch eingeschätzt wird, produziert die Wirtschaft die verlangte Wagenklasse. Der einzelne richtet seine Lebensweise danach, fährt mit dem wirkungsvollen Wagen zur Arbeit, obwohl er vielleicht schneller mit dem Bus oder dem Fahrrad am Ziel wäre, putzt am Samstag den Wagen auf Hochglanz, um am Sonntag ins Grüne zu fahren.

Umgekehrt beeinflußt auch die Wirtschaft die Einstellungen der Bevölkerung, so daß ein sich verstärkender Kreislauf entsteht. Dieser Kreislauf kann durchbrochen werden. Ursachen einer solchen Richtungsänderung sind einerseits im emotionalen, andererseits im rationalen Bereich zu suchen. Beispielsweise können wissenschaftliche Erkenntnisse Bewegungen auslösen; das wird zur Zeit besonders deutlich bei Forschungsergebnissen zur Umweltverschmutzung. Emotionale Auslöser sind häufig das Unbehagen an gegenwärtigen Situationen und ihren Auswirkungen auf den persönlichen Lebensbereich des einzelnen.

Diese Prozesse sollen verdeutlicht werden an folgendem Beispiel:

- Schön und neu gekleidet zu sein, wird gesellschaftlich anerkannt und steht deshalb in der Wertskala des einzelnen relativ weit oben.
- Die Wirtschaft bringt Kleidungsformen hervor, die das Neue der Kleidung erkenntlich machen (Mode) und wirkt manipulierend auf die Einstellung.
- Modisch gekleidet zu sein, gewinnt weiter an Wert, nichtmodisch bzw. »alt« gekleidet zu sein, fällt durch die jährliche Veränderung der Mode auf. Der nicht-modisch Gekleidete verliert an Ansehen. Entweder er paßt sich an, oder er wird zum Außenseiter.
- Der Jugendliche neigt in seinem Entwicklungsprozeß häufig dazu, sich gegen bürgerlich-gesellschaftliche Traditionen zu stellen und dabei auch eine Außenseiterposition einzunehmen.
- Im Rahmen seiner Identitätsfindung sucht er nach inneren Werten. Sein Drang nach Anerkennung ist nicht mit Anerkennung seiner äußeren Erscheinung zu stillen. Der Kaufzwang belastet ihn zusätzlich, weil er von ihm Arbeit im Sinne materieller Ergebnisse verlangt, während es ihn nach Arbeit im Sinne innerer Befriedigung und dabei nach Klärung seines geistigen Standortes drängt.
- Kleidung wird für ihn zum Symbol materieller Ausrichtung, die er ablehnt, teure Kleidung fällt in seiner Wertskala.
- Haltbare, modeabhängige Kleidung (zum Beispiel Jeans, T-Shirts) erhält symbolhaften Charakter für geistige Werte.
- Die Produktion modeunabhängiger Kleidung steigt. Da sie haltbarer und dauerhafter ist, sinken damit die Produktion und der Konsum.
- Würden nicht nur Jugendliche, sondern breitere Kreise diese Kleidung bevorzugen, könnte die Wirtschaft dadurch auffallend beeinflußt werden.
- Rational wird dieser Trend zur Zeit möglicherweise bereits unterstützt: die Rohstoffbegrenzung macht bewußt, daß die Chemiefaser nicht mehr so verschwenderisch wie bisher verwendet werden darf. Damit erhält die Naturfaser wieder größere Gewichtung. Da sie aber wertvolle Anbaugebiete beansprucht, ist auch ihre Produktion zu begrenzen.

Der auslösende Faktor für Veränderungen von Werteinstellungen liegt selten im rationalen Bereich. Häufig wird ein Unbehagen an Lebensformen und -werten diffus empfunden. Eine Richtungsänderung kann aber erst dann eingeschlagen werden, wenn dieses Unbehagen konkretisiert und definiert wird. Es ist deshalb von Bedeutung, daß der Mensch für zukünftige Veränderungen lernt, seine Lebenssituation zu analysieren, Ursachen und Wirkungen zu erkennen, und bereit ist, bisherige Werte in Frage zu stellen.

1. Rückbesinnung
Erinnern Sie sich an Begebenheiten, in denen Menschen durch Kleidung auf Sie Eindruck machten. – Welchen?

2. Bewußtmachung der eigenen Lebenssituation
Welches Unbehagen an Ihrer Lebenssituation empfinden Sie?
Greifen Sie einen Teilbereich heraus, reflektieren Sie darüber und beschreiben Sie das empfundene Unbehagen.
Beispielsweise: Weihnachten - Familienleben - Verhältnis in der Nachbarschaft - Beruf - Essen.

Von materieller Befriedigung zu emotionaler Befriedigung

Es wurde in der bisherigen Darstellung darauf hingewiesen, daß die Industriegesellschaft durch die starke Gewichtung wirtschaftlich-finanzieller Erfolge bestimmt wird. Dieser Wertung kann sich der einzelne schwer entziehen.

Beispiele für die bisherige hohe Bewertung materieller Befriedigung sind:

- Erfolg wird in der Regel nur im materiellen Bereich gemessen, nicht im sozialen,
- Arbeit mit gutem Verdienst wird höher bewertet als emotional befriedigende Arbeit,

• teurer und modischer Besitz steht hoch im Wert, mit ihm wird soziales Prestige erreicht; um diesen Besitz zu erwerben, wird emotional unbefriedigende Arbeit bereitwillig aufgenommen,
• für soziale Zuwendung ist wenig Raum.

Beispiele für die Aufwertung emotionaler Befriedigung:

• Anstreben von befriedigenden Tätigkeiten im Arbeitsprozeß,
• andere Arbeitshaltung: Befriedigung in der Arbeit gewinnt an Bedeutung, der materielle Lohn verliert an Prestige,
• anderes Sozialverhalten: Zuwendung und Partnerbezug gewinnen an Wert und bieten mehr Befriedigung,
• anderes Konsumverhalten: Ansprüche verschieben sich von Quantität zu Qualität und Dauerhaftigkeit, Konsumverhalten sinkt,
• anderes Urlaubsverhalten: vom wirkungsvollen, gesellschaftlich hochbewerteten zum entspannenden und aktiven Urlaub,
• anderes Lebensgefühl: Lebensfreude steigt und wird unabhängiger von materiellen Errungenschaften.

Es ist nicht abzustreiten, daß sich vor allem in Kreisen junger Menschen ein Unbehagen an unserer heutigen materiellen Ausrichtung breit macht. Dieses Unbehagen äußert sich nicht nur in Gefühlen, sondern beeinflußt in einzelnen Ansätzen die Lebensführung. Eine Aufwertung emotionaler Befriedigung bedeutet dann nicht in erster Linie einen Verzicht auf die materielle Befriedigung, sondern Materielles wird, wenn es über ein als benötigt empfundenes Maß hinausgeht, unbedeutend, vielleicht sogar lästig, dagegen die Befriedigung emotionaler Bedürfnisse als wohltuend empfunden.

1. Suche nach Beispielen
Suchen sie in den Medien nach Ansätzen von Aufwertung emotionaler Komponenten bei einem Sachverhalt.

Beispiele:
• Einrichtung eines Sorgentelephons für Kinder und Jugendliche
• Errichtung von Wohnstraßen.

2. Bildbetrachtung* und Reflexion

Ich habe keine Zeit
Ich habe keine Zeit
Ich habe keine Zeit
Ich habe keine Zeit
Ich habe keine Zeit
Ich habe keine Zeit
Ich habe Zeit
Ich habe keine Zeit
Ich habe keine Zeit
Ich habe keine Zeit

Diskutieren Sie, wofür Sie Zeit haben und wofür nicht. Fragen Sie sich ehrlich, wem und wann Sie sagen: »Ich habe keine Zeit!«

3. Konkretisierung anhand der eigenen Lebenssituation: Denken Sie an einen Gegenstand, den Sie in letzter Zeit kauften. Welche Befriedigung hat er Ihnen gebracht? Wieviel Stunden Arbeitslohn haben Sie dafür »ausgegeben«? Hat sich der Tausch gelohnt?

* *A. Bayer:* Alt-Wittenau 30, 1000 Berlin 26, als Postkarte und als Plakat (67/57 cm) Nummer 1 zum Preis von DM 4,– erhältlich.
(Original = schwarze Schrift auf rotem Hintergrund)

Der Mensch mißt seinen Wert gewöhnlich an der Stellung, die er in seiner gesellschaftlichen Gruppe einnimmt, und an dem individuellen Beitrag, den er ihr zu geben hat (siehe dazu *Taylor* 1973).

Je größer die Gruppe ist, desto unauffälliger und nichtssagender wird für den einzelnen sowohl die Position, in der er sich sieht, wie auch der Beitrag, den er einzubringen hat, insbesondere, wenn sein Beitrag keine persönliche Struktur aufweist. Beispielsweise trägt jedes individuell erstellte Werkstück den Charakter des Handwerkers und ist in seiner Art einmalig. Das Produkt des Fabrikarbeiters dagegen erhält fortlaufende Nummern und ist mit jedem anderen Stück austauschbar. Ebenso ist der Fabrikarbeiter selbst austauschbar, und damit wird auch sein Standort im Betrieb formell anonym. Er erhält somit weder durch seine Arbeit noch durch die Stellung seiner Person eine Resonanz, die ihn in seinem Wertgefühl bestärken könnte. Da für ihn aber durch das gesellschaftliche Wertgefüge finanzielle Sicherheit und geregelte Arbeitszeit in der Wertskala hoch oben stehen, zieht er häufig die Fabrikarbeit vor und merkt nicht, daß er seine Befriedigung und seine persönliche Wertsteigerung auf einer falschen Ebene sucht.

Im Zusammenhang mit der wachsenden Einstufung materieller Werte innerhalb der Gesellschaft steigt der Drang nach Vermassung, da in der Masse rationeller produziert und gelebt werden kann und höhere materielle Werte erzielt werden. Das Fabrikprodukt wird billiger erstellt als das Werkstük des Handwerkers, es kann deshalb in größerer Quantität auf den Markt kommen. Das Handwerksstück dagegen wird teuer, der qualitative Wert wird weniger beachtet. Der Käufer zieht deshalb das Massenprodukt vor, das scheinbar gesparte Geld setzt er für andere Massenprodukte ein. Dabei unterliegt er einer Selbsttäuschung. Denn auch Dinge, mit denen sich der Mensch umgibt, geben ihm eine gewisse einmalige Stellung und tragen deshalb zu seinem Selbstwertgefühl bei. Wenn er sich mit Massenprodukten umgibt, fehlt diesen Dingen die Einmaligkeit. Es bleibt ihm deshalb nichts anderes übrig, als sich mit Quantität zu umgeben und seinen persönlichen Wert daran zu messen, wie weit er auf dem letzten Stand als Konsument ist. Letztlich kann ihn aber diese Konsumentenhaltung nicht befriedigen. Das hat wiederum das Absinken seines Selbstbildes zur Folge, was aber in der Regel wenig registriert wird.

Beispiele für das bisherige Streben nach Masse:
- Verstädterung, Zentralisierung von Industrie, Gewerbe, Handel und Verwaltung,
- Kaufen von maschinell hergestellter billiger Ware in Supermärkten,
- zunehmende Arbeitssuche in Industrie, mangelnde Arbeitsbereitschaft für Handwerk und individuell strukturierte Arbeit,
- große anonyme Hochhäuser und variationsarme Reihenhäuser,
- Modetrends zum Beispiel im Warenkauf, im Freizeit- und Urlaubsverhalten.

Eine stärkere Individualisierung im Leben des einzelnen wird Lebensqualität und Lebensgefühl erhöhen, so daß sich der Drang nach überschaubaren Lebens- und Arbeitsgruppen verstärken wird, wenn er einmal eingesetzt hat.
Folgen einer solchen Individualisierung der Lebensgestaltung könnten beispielsweise sein:
- Aufwertung individuell hergestellter Produkte von Handwerkern im Gegensatz zur Massenware der Industrie,
- Dezentralisierung in der Industrie, bei Behörden und im Handel,
- individueller gestaltete persönliche Atmosphäre,
- Reduzierung der hohen Kriminalität, da Anonymität abnimmt und Verantwortungsbewußtsein durch den Gemeinschaftsbezug in der vertrauten Lebensgemeinschaft ansteigt,
- Abnahme von Depressionen, für die Isolationsängste eine der Hauptursachen sein dürften. Vermassung verstärkt Isolation und senkt das Selbstwertgefühl. Damit bewirkt und steigert sie Depression.

1. Rollenspiel
Versuchen Sie, eine Situation zu spielen, in der ein Mensch Vermassung und damit Isolation im Sinne von Einsamkeit erlebt. Reflektieren Sie die im Spiel erlebten Gefühle und ziehen Sie Parallelen zur Realität.
Beispiele:

- Ein einzelner fühlt sich in einer Party letztlich allein.
- Ein Mensch versucht mit einem anderen Kontakt aufzunehmen, aber vergeblich, weil niemand in der Umwelt die Einsamkeit erkennt und keiner den Kontakt wirklich erwidern kann. Jeder bleibt von seiner eigenen Einsamkeit befangen.
- Ein Käufer geht in ein Kaufhaus, um einen Einrichtungsgegenstand für sein Wohnzimmer zu kaufen. Er wird von einem Verkäufer beraten.
- Verirrt im Wald: nach mehrstündiger einsamer Wanderung in einem großen Wald trifft ein Deutscher einen Polen. Sie können nicht miteinander sprechen, trotzdem empfinden sie sich jetzt nicht mehr allein.

2. Gespräch: Verbalisierung von Gefühlen
Sprechen Sie über Ihre Isolationsängste. Versuchen Sie, sich dabei auch Ängste bewußt zu machen, die Sie bisher verdrängt haben.

3. Bewußtmachung
Suchen Sie Beispiele aus der Literatur oder eigene Erlebnisse, in denen die kurze Begegnung mit einem fremden Menschen ein großes und emotional tiefgehendes Erlebnis wurde.

Vom Konkurrenzdenken zum Kooperationsdenken

Konkurrenzdenken bestimmt in starkem Maß die heutigen Lebens- und Wirtschaftsformen. Bereits das Kind wird zu Konkurrenzhaltungen erzogen, beispielsweise über Spiele, die auf Sieger und Verlierer ausgerichtet sind oder über schulische Leistungsmessung. Selbstwertgefühl wird deshalb häufig nicht im kooperativen Bezug in der Gruppe, sondern im konkurrierenden Bezug erlebt. Dadurch wirken die anderen beängstigend auf den einzelnen und stellen das eigene Selbstwertgefühl immer in Frage, anstatt es wie bei der Kooperation zu unterstützen.

Stärkere Konkurrenzsituationen können zum Beispiel erlebt werden:

- bei der Geburt eines jüngeren Geschwisters,
- durch dominierendes Verhalten von Spielkameraden,
- durch häufigen Einsatz von Spielen mit Vergleichs- und Wettcharakter,
- durch leistungsbetontes Eltern- und Erzieherverhalten,
- durch den Leistungsvergleich in der Schule,
- bei dem Vergleich der Verhaltensweisen von zwei oder mehreren Personen,
- im Arbeitsleben besonders bei Bewerbungen, beim Vergleich des Verdienstes und bei Arbeitseinteilung und Arbeitsplatzzuordnung.

In diesem Konkurrenzkampf bleibt der einzelne in der gegenwärtigen Situation zeitlebens. Die Auswirkungen nehmen zu, wenn die Kräfte nachlassen, zum Beispiel durch Krankheit oder Unfälle. Sobald der einzelne die Hoffnung reduziert, in diesem Konkurrenzkampf oben zu bleiben, sackt sein Selbstwertgefühl stark ab und kann zu Resignation und Depression führen. Das wird beim alternden Menschen besonders deutlich.

Beispiele für Auswirkungen von Konkurrenzverhalten:

- Konkurrenzverhalten der Verbraucher kurbelt Konsum an, da sich der einzelne im Vergleich mit anderen sieht und seine materiellen Bedürfnisse danach ausrichtet,
- Konkurrenzverhalten verstärkt Zentralisierung (macht den Mächtigen mächtiger und den Schwachen schwächer),
- Konkurrenzverhalten schafft Ängste und löst Frustrationen aus,

- Konkurrenzverhalten treibt den einzelnen in die Isolation (Abgrenzung zum Partner).

Zukunftsorientierte Handlungsweisen verlangen Kooperation, weil zum Beispiel
- die Probleme so umfassend sind, daß sie im Alleingang und im Gegeneinander nicht zu bewältigen sein werden,
- Kooperation positiv auf die psychische Stabilität und das Selbstwertgefühl wirkt,
- die starken psychischen Belastungen der Zukunft nur in gemeinsamer Unterstützung getragen werden können,
- Verantwortung zukünftiger Größenordnungen nur im Miteinander übernommen werden kann.

Ansätze zu einer Wende vom Konkurrenz- zum Kooperationsdenken sind heute bereits an folgendem erkennbar:
- zunehmende Teamarbeit mit gemeinschaftlicher Verantwortungsübernahme,
- Aufwertung sozialer Fähigkeiten im Bildungssystem,
- Abwendung (insbesondere bei Gruppen junger Menschen) von Arbeitsplätzen, die eine konkurrierende und vermassende Struktur haben, und Suche nach alternativer Lebens- und Arbeitsweise,
- in Ansätzen zunehmend kooperatives Denken gegenüber Menschen anderer Nationen.

1. Einfühlen in Konkurrenzsituationen

a) Erinnern Sie sich an eine Situation in Ihrem Leben, in der Sie aufgrund von Konkurrenten nicht zum erhofften Erfolg kamen, bzw. gegenüber Konkurrenten schlechter abschnitten. Versuchen Sie, ein massives Erlebnis zu finden.

b) Welche Gefühle wurden dabei in Ihnen ausgelöst und wie reagierten Sie? Wie reagierte die Umwelt auf Sie?

c) Deuten Sie Ihre Gefühle und Ihr Verhalten:
Wodurch entstanden die Gefühle, wie wirkten die

Konkurrenten auf Sie? Wie empfanden Sie Ihre alltägliche Umwelt in ihrer gespannten Gefühlslage?
Welche Deutung geben Sie Ihren spontanen Reaktionen?
Wie verarbeiteten Sie Ihre Erfahrungen, wie bauten Sie Ihr Selbstbewußtsein wieder auf?

d) Erinnern Sie sich an eine Begebenheit, in der Sie für einen anderen der erfolgreiche Konkurrent waren.
Können Sie die Gefühle und Reaktionen Ihres Gegenübers nachvollziehen?

2. Umsetzung auf die eigene Arbeits- und Lebenssituation
Durchdenken Sie Ihre Arbeitssituation und Ihr Privatleben im Hinblick auf konkurrierendes Verhalten. Wo sehen Sie Möglichkeiten, stärkere Kooperation aufzubauen?

Vom Überlegenheitsgefühl über die Natur zur Bereitschaft der Einordnung in die Natur

Die Fähigkeit des Menschen, aufgrund seiner Intelligenz Naturgesetze zu umgehen, schafft ihm die Möglichkeit, die Natur mehr für sich nutzbar zu machen, als sie von sich aus hergibt. Er scheint der Natur überlegen zu sein.

Er kann zum Beispiel durch Düngung das natürliche Wachstum der Pflanzen erhöhen. Er kann mit medikamentöser Behandlung das Wachstum der Tiere beeinflussen. Sein eigenes Leben sichert er weitgehend gegen ihn schädigende Eingriffe der Natur (Kälte, Hunger, Krankheit usw.). Er steigert die naturgegebene Energie, indem er Energiequellen ausschöpft und umsetzt in für ihn nutzbare Kräfte (zum Beispiel Licht, Wärme, Fortbewegung).

Aus diesem Überlegenheitsgefühl heraus und aufgrund seiner Fähigkeiten kann der Mensch aber auch die natürlichen Gegebenheiten so verändern, daß er die Natur zerstört. Er kann zum Beispiel die Erdoberfläche so erwärmen, daß das natürliche Gleichgewicht abgebaut wird (siehe thermale Erwärmung). Durch seine Eingriffe in die Natur stirbt jedes Jahr durchschnittlich eine Tierart aus, was sich wiederum auf das ökologische System auswirkt. Ähnliches gilt für die Pflanzenwelt. Alles Bemühen um Fruchbarmachen von unfruchtbaren Gegenden verhindert nicht, daß zur gleichen Zeit ebensoviele Gebiete durch Versteppung und Erosion im Wert vermindert oder sogar unfruchtbar werden.

Es kommt deshalb darauf an, daß der Mensch eine Grundhaltung erwirbt, die ihn bei all seinem Können in Grenzen hält. Er wird in Zukunft beispielsweise trotz seines Wissens, daß er durch künstliche Düngung höhere Erträge erreichen kann, auf diese Art von Ertragserhöhung weitgehend verzichten müssen. Das bedeutet für uns, daß wir Einstellungen gewinnen müssen, die uns der Natur gegenüber nicht überlegen machen, sondern uns veranlassen, uns in das System der Natur einzuordnen.
Beispielsweise zeigen sich solche Einstellungen:

- wenn wir Landschaft, Luft, Wasser und Boden als naturhafte Gegebenheiten annehmen und bereit sind, Eingriffe nur nach intensivster Forschung vorzunehmen, sowie die Kosten für die Forschung zu tragen,
- wenn wir Pflanzen- und Tierwelt in ihrer ökologischen Ausgewogenheit anerkennen und nicht leichtfertig Veränderungen vornehmen,
- wenn wir die chemischen und physikalischen Gegebenheiten nicht wie bisher nach nur geringer Forschung zu durchbrechen und zu verändern suchen, sondern eindeutige Forschungsergebnisse unserem Handeln zugrunde legen.

Das bedeutet, daß Forschungen nicht nur in einer fachlichen Richtung betrieben werden dürfen, sondern daß disziplinübergreifend alle möglichen Nebenwirkungen abgedeckt werden. Damit wird auch in dieser Hinsicht ein kooperatives und verantwortungsbewußteres Handeln von uns jetzt und in den nächsten Generationen verlangt. Diese Verantwortung darf nicht nur dem wissenschaftlichen oder politischen Fachmann zugeschoben werden. Es nützt auch nichts, wenn wir nur Kritik äußern oder Protest kundtun. Jeder einzelne hat die Verantwortung durch seine politische Mitbestimmung und seine eigene Lebensgestaltung mitzutragen.

Sammeln von konstruktiven Ansätzen

a) Suchen Sie Beispiele, in denen einzelne Menschen oder Gruppen etwas unternehmen, um die Belastung der Natur durch den Menschen zu reduzieren.
b) Überlegen Sie, ob die gefundenen Beispiele eine Ausstrahlungskraft auf die Umwelt haben oder isolierte Einzelaktionen bleiben.

Von Abhängigkeit zu mitbestimmender Verantwortlichkeit

Die Struktur der heutigen Gesellschaft drängt den einzelnen in eine unüberschaubare Position, in der er nur in Teilfunktionen Entscheidungen und Verantwortung tragen kann. Im wesentlichen ist er vom Fachmann abhängig. Der Fachmann wiederum trägt Entscheidungen und Verantwortung lediglich für seinen fachlichen Bereich. Dadurch ergibt sich eine Abhängigkeit, die nur über Kooperation gelöst und nur mit ihr zu mitbestimmender Verantwortlichkeit führen kann. Die augenblicklichen Denkrichtungen und Lebensweisen verstärken aber eher das Zurückziehen in abhängige Positionen als das Drängen nach Verantwortung und Mitbestimmung.
Beispielsweise:
- die Wertausrichtung auf das meßbare finanzielle Ergebnis ermutigt nicht zum Hinterfragen der Zusammenhänge und Nebenwirkungen von Handlungen,

- große Gemeinschaften ermöglichen dem einzelnen nicht mehr eine Durchschaubarkeit der ablaufenden Prozesse,
- unser fortschreitendes Wissen verlangt Spezialisierungen,
- die Tendenz der Spezialisierung verhindert das Erkennen von Neben- und Folgewirkungen einer Handlung, Spezialisierung schränkt deshalb eine breite Verantwortlichkeit ein,
- die zur Isolation neigende Einstellung und die wenig sozial bestimmte Lebensweise führen uns zu egoistischer Bequemlichkeit, die uns von der Bereitschaft zur Mitverantwortung zurückhält.

Unsere Entwicklung verlangt von uns aber in besonderem Maße Einstellungen, die Grundlage zu Verantwortung und Mitbestimmung sein dürften.
Zum Beispiel:
- Neben- und Folgewirkungen einer Handlung als wichtig ansehen und sie in die Bewertung dieser Handlung einbeziehen,
- minimale Veränderungen nicht als unbedeutend bewerten, sondern sich die Zunahme in ihren (langfristigen) Konsequenzen verdeutlichen,
- Bereitschaft zeigen, augenblickliche Vorteile mit zukünftigen Nachteilen zu vergleichen,
- zukünftige Handlungen möglichst nicht von vergangenen Handlungsstrategien ableiten, sondern sie weitgehend unabhängig beurteilen, um beweglich und kreativ entscheiden zu können,
- das soziale Engagement als notwendig für Mitverantwortung und Mitbestimmung sehen und sich damit vom egoistischen Denken lösen.

Früher wurde der Bau von Autobahnen ausschließlich von Politikern entschieden, wobei Interessen der Wirtschaft und Fragen der Technik bestimmend waren. Heute erkennt der einzelne Bürger in stärkerem Maße die Eigenverantwortung. Aus dieser verantwortlichen Einstellung entwickeln sich Bürgerinitiativen, die die Politiker dazu zwingen, den Bau kritischer zu betrachten und sich die Interessen aller Betroffenen bewußt zu machen. Damit verbunden wird die Entscheidung kooperativer, weil breitere Kreise und weitere Fachleute (zum Beispiel Biologen und Soziologen) einbezogen werden.

1. Beobachtung der Entstehung von Gesetzen
a) Verfolgen Sie in den Medien, wie Gesetze entstehen oder verändert werden, und wie sie von der Bevölkerung mitgetragen werden.
b) Suchen Sie nach einem Gesetz, das über Einzelaktion und/oder Bürgerinitiative in die Wege geleitet wurde.

2. Kritisches Durchdenken des eigenen Verhaltens
Wieweit verfolgen Sie Entscheidungen, die Veränderungen in Ihrem Gemeinwesen betreffen (zum Beispiel in der Gemeinde, der Stadt, der Kirchengemeinde, in Forstwirtschaft, Bürgerinitiativen, Industrie usw.)?
Wie tragen Sie dazu bei, daß Entscheidungen frühzeitig offengelegt werden, und wie aktiv versuchen Sie, Einfluß zu nehmen?

3. Umsetzung politischer Mitverantwortung in Handlungen
a) Beteiligen Sie sich an einer Aktion, bei der Sie Ihre demokratischen Rechte der Mitverantwortung wahrnehmen.
b) Durchdenken Sie Ihre Motivationen und Ihr Engagement.
c) Überlegen Sie, wie oft Sie sagen:
»Man müßte etwas unternehmen«, selbst die Initiative aber nicht ergreifen.
d) Welche Erfahrungen haben Sie gemacht, wie die Entscheidungsträger (z. B. Politiker, Industrielle, Vorgesetzte) auf Versuche von Mitbestimmung reagieren?

6 Veränderungen im gesellschaftlichen Zusammenleben

Die bisher dargestellten Veränderungen machen deutlich, daß es sich nicht nur um Veränderungen handelt, die den einzelnen Menschen betreffen. Es geht auch um Veränderungen in unserem Zusammenleben, denn veränderte Arbeitsweisen, veränderte Lebensweise und veränderte Werte und Normen verändern auch unser Umgehen miteinander. Das bedeutet, daß diese Veränderungen nicht aufgezwungen werden müssen, daß wir sie auch nicht aus vernünftiger Einsicht als eine Art Selbstbeschränkung notgedrungen auf uns nehmen, sondern daß sie aus unseren veränderten Einstellungen entspringen. Das Unbehagen an unserer heutigen Situation wird uns bewußter unsere Gegenwart analysieren lassen. Wir werden nach neuen Zielen suchen und damit werden wir Veränderungen anstreben.

An einigen beispielhaften Aspekten soll im folgenden Teil verdeutlicht werden, in welcher Richtung sich gesellschaftliche Strukturen verändern könnten.

Überprüfung der eigenen Einstellung

Überlegen Sie sich, ob die Auseinandersetzung mit dem bisherigen Text und den damit verbundenen Aufgaben Sie zu einer Überprüfung Ihrer Einstellung angeregt hat. Beginnen Sie, sich in manchen Aspekten in Frage zu stellen? Wirkt sich diese kritische Haltung bereits als Wunsch aus, Ihr soziales Zusammenleben in der direkten Umwelt zu verändern?

Unsere zur Zeit starke materielle Wertausrichtung läßt uns Reichtum immer nur mit materiellen Maßstäben auffassen. Reich ist, wer materiellen Besitz hat. In der Regel wird Reichtum sogar noch enger gefaßt: Reich ist, wer sich im Bedarfsfall materielle Güter beschaffen kann. Der Besitz, der aber zur Zeit nicht in Geld umzusetzen ist, wird geringer eingeschätzt.

Zum Beispiel wird jemand, der eine teure, im Bedarfsfall verkaufbare Briefmarkensammlung hat, als reicher angesehen als jemand, der ein großes Grundstück besitzt, das aber keine Erträge bringt, nicht bebaubar ist und deshalb keinen Geldwert darstellt. Der Grundstücksbesitzer würde aber sofort reich werden, wenn dieses Grundstück zum Beispiel Bauland und damit verkaufbar würde.

Reichtum hängt also auch nicht mit dem objektiven Besitz zusammen, sondern mit dem Geldwert, den die Gesellschaft einem Besitz zuschreibt. Wir sind eventuell noch dazu bereit, eine gute Ausbildung, die Geld einzubringen versteht, dem Reichtum nahe zu stellen.
Vorstellungen, daß dieser Reichtumsbegriff sich ändern könnte, sind für uns ungewohnt, weil der Begriff des Reichtums mit der Bedürfnisbefriedigung zusammenhängt. Solange unsere Bedürfnisse vorrangig durch materielle Güter befriedigt werden, wird Reichtum auch in materiellem Besitz bestehen.
Es ist denkbar, daß sich Werte verschieben. Beispielsweise könnte emotionale Befriedigung aufgewertet und materielle Befriedigung abgewertet werden (siehe S. 72). Voraussetzung dafür ist natürlich, daß der Mensch seine materielle Existenz gesichert hat und seine physischen Grundbedürfnisse wie Nahrung, Schutz vor Kälte usw. abgedeckt werden. Bei einer solchen Wertverschiebung könnte sich die Gewichtung des Reichtums verändern. Als reich könnte dann z. B. auch derjenige angesehen werden, der emotionale Bedürfnisse stillen kann. Beispielsweise wird dann ein Erzieher, der emotionale

Bedürfnisse befriedigen und soziale Bezüge aufbauen kann, ein hohes Ansehen besitzen. Solche Vorstellungen sind aber, wie gesagt, für uns zur Zeit noch ungewohnt.
Tom Burke stellt einen anderen veränderten Begriff von Reichtum im Zusammenhang mit zukünftigen Entwicklungen dar, der uns naheliegender und vorstellbarer sein dürfte. Er sagt: »Nach dem neuen Begriff des Reichtums könnte man einen Menschen reich nennen, der über die notwendige Ausrüstung verfügt, um natürliche Energiequellen optimal für die Beheizung seiner Wohnung und für seine Warmwasserversorgung zu nutzen – in diesen Bereichen findet der Hauptenergieverbrauch einer Einzelperson statt. Die Symbole eines solchen Reichtums wären nicht neue Autos, Fernseher etc., sondern Sonnenkollektoren, isolierte Wände oder Wärmepumpen, also Dinge, die genauso sichtbar und faßbar sind wie die erstgenannten.
Arm wären dann jene, die weiterhin von zentralen Energieversorgungseinrichtungen abhängig sind, die durch Streik, Sabotage oder Betriebsstörungnen ausfallen können, die von Technokraten festgesetzt werden, die selbst Opfer von Marktvorgängen außerhalb ihrer Kontrolle sind.
Die neuen Reichen würden sich nicht mehr mit der Neuheit ihres Fernsehgerätes brüsten, sondern mit dessen Lebensdauer sowie Reparaturfreundlichkeit.
Reichtum könnte auch die Form des Landbesitzes – oder zumindest des Zugangs zu Land – annehmen, der es ermöglicht, sich einen Teil der notwendigen Lebensmittel selbst anzubauen. Dies würde den Zwang, immer mehr Geld verdienen zu müssen, um mit den steigenden Lebensmittelkosten Schritt halten zu können, vermindern. Der unmittelbare Zugang zu den meisten notwendigen Gütern und Dienstleistungen – daß man zu Fuß gehen könnte oder mit dem Fahrrad fahren anstatt immer mehr Zeit zum Geldverdienen aufwenden zu müssen, um die höheren Kosten anderweitiger Transportmittel bezahlen zu können – würde nun als Reichtum gelten. Ein hohes Einkommen wäre dann eher Zeichen der Armut als

des Reichtums, weil es Abhängigkeit von einem Job oder Arbeitsplatz signalisiert, den man benötigt, um sich Dienste von anderen kaufen zu können. Reichtum hieße dann, Selbstbestimmung und freie Verfügung über ausreichende Zeit, um diese Selbstbestimmung optimal zu reflektieren« (*T. Burke*, zit. nach *Robertson* 1979, S. 75 f.).

Die Tatsache, daß wir heute bereits zahlreiche Versuche hauptsächlich in der jüngeren Generation haben, unabhängiger und in weitgehender Selbstversorgung zu leben, wobei dem materiellen Verdienst wenig Bedeutung zugemessen wird, dürfte auf die Möglichkeit einer solchen Veränderung in der Auffassung von Reichtum hinweisen.

Solche Ansätze sind beispielsweise zu sehen:

- wenn kleinere Gruppen zusammenziehen, um sich landwirtschaftlich weitgehend selbst zu versorgen,
- wenn junge Leute handwerkliche Berufe dem Studium vorziehen, weil sie dabei selbständiger, unabhängiger und befriedigender arbeiten können als in abhängigen Positionen in Institutionen oder Betrieben,
- wenn Studenten ihr Studium hinausschieben oder unterbrechen, um druckfreier zu leben und aus einem Abstand heraus Werte zu hinterfragen und Lebensformen zu erproben; es genügt ihnen dabei, finanzielle Möglichkeiten zu haben, die lediglich ihre unmittelbaren Grundbedürfnisse befriedigen,
- wenn jemand eine Halbtagsstelle annimmt, um in der freigewordenen Zeit stärker am Leben anderer Menschen teilnehmen zu können, um über die eigenen Lebensziele nachzudenken, um die eigene Kreativität nicht in der üblichen fremdbestimmten Arbeitssituation einrosten zu lassen, um nicht erst nach Abschluß des Berufslebens ausgelaugt das Leben neu zu beginnen.

Eine Verstärkung solcher Tendenzen würde zu einem anderen Miteinander führen, das sich in verschiedenen Bereichen äußern kann, und zwar zum Beispiel im Verhältnis zur Arbeit, in den Lebensgemeinschaften oder im Partnerbezug.

1. Selbstbesinnung
a) Durchdenken Sie Ihr eigenes Verhältnis zu Reichtum.
b) Welchen Standort schreiben Sie sich in der Gesellschaft zu, wenn Reichtum nach der materiellen Wertausrichtung definiert wird?
c) Welche Änderung ergibt sich für Ihren Standort, wenn Reichtum nach Burke definiert wird?

2. Podiumsdiskussion
Bilden Sie zwei Parteien und diskutieren Sie in einem Rollenspiel die gegenwärtige Gesellschaftsstruktur mit dem bisherigen Reichtumsbegriff und die Modellstruktur nach Burke.
Suchen Sie vielfältige Begründungen und weitreichende Auswirkungen.

Veränderter Umgang mit der Arbeit

Man kann nach James Robertson Arbeit als auf zwei verschiedenen Ebenen laufende Tätigkeiten definieren (1979, S. 47 ff). Die eine Ebene ist die der institutionellen, der bezahlten Arbeit. Die andere ist die der informellen, der nicht bezahlten Arbeit. Diese zweite Ebene ist nicht weniger wichtig, sie zählt aber gesellschaftlich nicht so viel wie die bezahlte Arbeit. Zu dieser informellen Arbeit gehören zum Beispiel Haushaltsarbeit, die familiäre Erziehung, die sozialen Nachbarschaftsdienste, die Produktion im eigenen Garten oder die selbstvorgenommenen Reparaturen. In der Regel wird die institutionalisierte Arbeit stärker dem Mann, die informelle der Frau zugeschrieben. Eine Umverteilung der Arbeit könnte erreicht werden, wenn es gelingen würde, die informelle Arbeit aufzuwerten. Dies könnte zum Beispiel geschehen durch das Streben nach einer stärker unabhängigen Lebensweise, bei der man Teile seiner lebensnotwendigen Produkte und Energie selbst erzeugt, oder durch die geringere Konsumfreudigkeit und die höhere Bewertung langlebiger und reparaturfreundlicher Produkte. Dann würde man für institutionalisierte Arbeit weniger Zeit verwenden, und die informelle Arbeit würde einen breiteren Raum als bisher einnehmen. Da sie freier und stärker selbstbestimmt ist und mehr gestalterische Möglichkeiten bietet, würde sie befriedigend und ausgleichend auf das Leben des einzelnen wirken können. Während man heute diese Arbeit in das Nebenbei drängt oder sich nach dem Streß der institutionalisierten Arbeit dieser Tätigkeit kaum noch widmen kann, wird man sie dann auch durch die gesellschaftliche Aufwertung als befriedigend empfinden können.

Die Rollenverteilung zwischen Mann und Frau könnte in diesem Gebiet reduziert werden, da beispielsweise der Mann und die Frau die institutionalisierte Arbeit der Woche teilen und an den anderen Tagen die informelle Arbeit übernehmen würden. Auch die Arbeitslosigkeit könnte möglicherweise aufgrund einer solchen Umstrukturierung verringert werden, da die zu leistende Arbeit auf dem Arbeitsmarkt entsprechend gleichmäßig verteilt werden könnte.

Der veränderte Umgang mit Arbeit würde dann sowohl befriedigendere Arbeit für den einzelnen wie auch zufriedenstellendere Arbeitssituationen für die zur Zeit gesellschaftlich Benachteiligten bieten.

Übertragung auf die eigene Arbeit

a) Nehmen Sie an, die Arbeit würde in diesem Sinne umstrukturiert. Ihre institutionalisierte Arbeit würde nur die Hälfte der bisherigen Zeit in Anspruch nehmen. Dafür würde Ihre informelle Arbeit zunehmen. Denken Sie sich für Ihre persönliche Situation zutreffende informelle Arbeit aus und beschreiben Sie einen Tageslauf. Denken sie daran, daß Sie erheblich weniger verdienen würden und deshalb mit der informellen Arbeit Leistungen vollbringen müssen, für die Sie bisher Geld ausgegeben haben. Schließen Sie weitmöglichst Ihre Familienmitglieder kooperativ mit ein.

b) Überlegen Sie, ob die Vorstellung von solch einem Tagesablauf beängstigend auf Sie wirkt.

c) Versuchen Sie, diese Ängste zu formulieren. Zum Beispiel: Angst, weniger zu verdienen, Angst, »minderwertigere« Arbeit verrichten zu müssen, Unbehagen bei dem Gedanken, Kleidung flicken und verändern zu müssen anstatt Neues zu kaufen.

d) Wenn Sie noch nicht im institutionellen Arbeitsprozeß, sondern in der Ausbildung stehen, überlegen Sie sich, wie solche Vorstellungen über Ihre zukünftige Arbeit auf Sie wirken.

Kleine überschaubare Lebensgemeinschaften

Es ist damit zu rechnen, daß die bisherige Tendenz zur Zentralisierung, die in der Industrialisierung besonders zunahm, wieder rückläufig werden wird.

Wir werden wieder kleine überschaubare Lebens- und Arbeitsbereiche anstreben. Durch die Dezentralisierung wird sich die Lebensweise verteuern. Wir werden aber diese Verteuerung bereitwillig als Preis für die gewonnenen Werte und Befriedigungen zahlen.

Die kleinen Lebensgemeinschaften werden unsere Arbeit im institutionalisierten und informellen Bereich befriedigender werden lassen, weil durch die Vertrautheit in der überschaubaren Gruppe soziale und emotionale Bezüge in die Arbeit einfließen.

»Im Volkswagenwerk Salzgitter wurde im Rahmen des Forschungsprogramms 'Humanisierung des Arbeitslebens' ein Modellversuch 'Gruppenmontage' durchgeführt: eine Arbeitsgruppe besteht aus 7 Personen. 4 Werker montieren den Motor, 2 testen ihn im Motoreneinbaustand und 1 Werker übernimmt die Materialbereit-

stellung. Die verschiedenen Arbeiten in dieser Gruppe werden von den Werkern abwechselnd ausgeführt« (*Presse- u. Informationsamt der Bundesregierung* 1979, S. 46).
Ziel dieses Projektes ist, die Arbeit für den einzelnen befriedigender zu gestalten. Es ist naheliegend, daß eine in dieser Weise strukturierte Arbeit Vorteile einbringt: Die Tatsache, daß der einzelne den Inhalt seiner Arbeit und die Arbeitsweise wechselt, ist zwar das auffallendste Merkmal, aber die Möglichkeit, in einer überschaubaren Gruppe zu arbeiten, dürfte weit tiefergehende Wirkungen haben. Der einzelne lernt den Arbeitspartner kennen. Durch das stärker aufeinander bezogene Arbeiten stellt er sich auf die Partner ein und versteht ihre unterschiedliche Leistungsfähigkeit. Die Gruppe wird in der Lage sein, ein Gruppenmitglied, das sich in einer Krise befindet oder nur schwächere Leistungen einbringen kann, aufzufangen, andererseits aber auch ein Mitglied, das eigene Vorteile in den Vordergrund schiebt, veranlassen, sich in der Gruppe angemessen einzubringen. Das bedeutet, daß der einzelne seine Arbeit nicht mehr nur im Bezug zu seinem finanziellen Verdienst sieht, sondern dieser Gruppenbezug für ihn Bedeutung gewinnt. Den Teil seines Selbstbewußtseins, den der Mensch aus seiner beruflichen Arbeit ableitet, braucht er dann nicht mehr nur vom finanziellen Erfolg her aufbauen, sondern der Gruppenbezug und die Anerkennung in der Gruppe werden einen erheblichen Teil zu seinem Selbstbewußtsein beitragen. Allerdings muß dann gelernt werden, bzw. gelernt worden sein, Konflikte zu bearbeiten.

Durch die Vertrautheit und die sozialen Bezüge entstehen Gemeinschaften. Der einzelne wird sich in diese Gemeinschaft stärker einbringen als in die vorher erlebte anonyme Großgruppe. Dadurch wird er an der Struktur der Gemeinschaft mitarbeiten, das heißt, er wird sozialer ausgerichtet sein und das Handeln der Gruppe stärker mittragen und mitverantworten. Daraus dürfte eine stärkere politische Befähigung und Verantwortung jedes einzelnen entstehen. Gesellschaftliche Prozesse werden dann nicht mehr vorrangig von der Führungselite initiiert, sondern in starkem Maße demokratisch aufgebaut werden.

Aus der Verantwortung innerhalb der Mitarbeitergruppe im VW-Werk wird auch ein stärkeres Verantwortungsgefühl nach außen entstehen. Die Gruppe wird beispielsweise engagierter die Arbeit der

Abteilung mitgestalten. Sie wird Vorschläge zur Strukturierung des Arbeitsplatzes einbringen können und wird auch in der Lage sein, inhaltliche Veränderungen anzuregen. Die hier erworbenen Fähigkeiten, nämlich sich mit seinem individuellen Beitrag als Gruppenmitglied zu sehen, kann der einzelne dann vielleicht auch hinaustragen in seine anderen Lebensbereiche.

Wenn wir uns einer solchen Verantwortung bewußt werden, wird es uns auch gelingen, unsere Situationen und Handlungen zu beobachten, sie zu analysieren, sie kritisch zu bewerten, Alternativen zu suchen und zu leben. Wir werden uns nicht mehr so stark in der Masse treiben lassen, weil wir nicht ein kleines Rad in einem großen Getriebe sein werden, das sich in der vorgegebenen Weise zu drehen hat. Der einzelne wird dann seinen Wert nicht nur daran messen müssen, was er produktiv leistet. Sein Beitrag wird nicht nur in einer einseitigen Richtung in die Gesellschaft einfließen. Vielmehr werden seine verschiedenen menschlichen Qualitäten wieder gefragt sein. Seine Persönlichkeit und nicht sein Produkt wird damit auch wieder direkter Bezugspunkt der gesellschaftlichen Anerkennung werden.
Dadurch werden wir auch ein anderes Verhältnis zu den unterschiedlichen Leistungen der Menschen bekommen und den wirtschaftlich Leistungsschwächeren wieder aufwerten und eingliedern können. Es wird auch sein Beitrag zu sozialen und emotionalen Befriedigungen der Gruppenmitglieder zählen.

In der Heimerziehung zeigt sich die Umstrukturierung anonymer Großgruppen zu überschaubaren kleineren Lebensgemeinschaften zum Beispiel in dem Bemühen, anstelle der großen Heime in Form von Kinderhäusern familienähnliches Zusammenleben aufzubauen und das Kinderhaus in die Nachbarschaft zu integrieren.
Bei den Behinderten werden heute Tendenzen erkennbar, von der zwar spezialisierten aber isolierten Erziehung und Lebensweise in Großheimen zu kleinen Lebensgemeinschaften zu finden, in der Behinderte mit Gesunden zusammenleben, zum Beispiel Kindergärten, Wohnheime, Arbeitsplätze.

1. Durchdenken weiterer Beispiele
Suchen Sie weitere Beispiele für Ansätze, kleine überschaubare Gemeinschaften aufzubauen oder bewußt zu erhalten und diskutieren Sie deren Wirkung.

2. Rollenspiele
Ein älterer allein lebender Mensch kauft im Supermarkt und im kleinen vom Besitzer geführten Laden ein. Spielen Sie die Rolle des Alten und des Verkäufers bzw. der Kassiererin. Versuchen sie die unterschiedlichen Verhaltensweisen differenziert herauszuarbeiten und die entsprechenden Gefühle nachzuvollziehen und sichtbar zu machen.

3. Eindenken in eine Wohnsituation

Welche Nachteile, welche Vorteile würde Ihnen die Wohnung in einem solchen Haus erbringen?

Teil 3: Pädagogische Ansätze

Die augenblickliche Bewußtwerdung unserer Situation und die daraus abgeleiteten Ansätze zur Veränderung setzen zur Zeit nur langsam und punktuell ein und können nicht von allen nachvollzogen werden.
Das liegt daran, daß wir durch die Prägung in der bisherigen Lebensentwicklung festgelegt sind. Für die Suche nach alternativen Lebensformen sind wir wenig erzogen worden. Um nächste Generationen auf eine stärkere Beweglichkeit vorzubereiten und um aufgezeigte oder andere angemessene Veränderungen zu erreichen, müssen Konsequenzen in der Pädagogik gezogen werden. Der Pädagoge muß hier die Verantwortung erkennen und annehmen, die ihm durch den Auftrag, das Kind als zukünftigen Erwachsenen zu erziehen, zukommt.
In der heutigen Literatur sind pädagogische Strategien für die Bewältigung der Zukunftsproblematik noch kaum entwickelt worden, insbesondere nicht im deutschsprachigen Bereich. Im folgenden soll versucht werden, pädagogische Ansätze aufzuzeigen. Sie können nur als ein Beitrag verstanden werden, die Diskussion in Gang zu bringen, und können dem einzelnen Pädagogen vielleicht Hilfe bieten, einen eigenen Standort zu finden und seiner eigenen pädagogischen Situation entsprechende Strategien zu entwickeln.
In diesem Teil des Buches wird zunächst dargestellt, welche Ziele in der Pädagogik bereits heute angestrebt werden könnten. Diese Ziele werden abgeleitet aus der gegebenen Darstellung unserer gesellschaftlichen Situation und den aufgezeigten eventuell möglichen Auswegen aus dem Dilemma. Erst nachdem wir uns klargemacht haben, welche Richtungen wir in der Pädagogik einschlagen und welche Ziele wir

anstreben wollen, können wir Wege durchdenken, bzw. methodische Möglichkeiten diskutieren. Deshalb wird die Erörterung methodischer Ansätze erst im Anschluß an die Zieldarstellungen erfolgen.

7 Zielsetzungen

Wenn wir uns fragen, zu welchem Können und welchem Verhalten wir das Kind erziehen wollen, müssen wir von den Fähigkeiten ausgehen, die unserer Ansicht nach für die Bewältigung der Zukunftsprobleme erforderlich sind. Nun tritt aber die Schwierigkeit ein, daß wir solche Fähigkeiten nicht ohne weiteres benennen können, weil wir heute noch nicht voll erfassen, welche Probleme auf die nächste Generation zukommen werden, geschweige denn wissen, wie und mit welchen Fähigkeiten sie bewältigt werden könnten. Dazu kommt, daß wir als Erzieher nur sehr schwer ein Verhalten lehren können, das wir selbst nicht verwirklichen und nicht leben. Es ist deshalb nur möglich, von der augenblicklichen Situation unseres Wissens und Könnens auszugehen. Das heißt, wir können dem Kind einige Grundqualifikationen vermitteln, im Wesentlichen müssen wir das Kind möglichst so erziehen, daß es sich eines Tages die Fähigkeiten selbst aneignen kann, die es benötigen wird. Unsere Zielsetzung muß deshalb dahin gehen, einen beweglichen und lernfähigen Menschen zu erziehen. Er muß gelernt haben, seine Lebenssituationen zu erfassen, er muß kritisch sein, er muß Mut besitzen, um gegen verhärtete Ströme seiner Zeit anzugehen, und er muß verantwortungsbewußt handeln können. Er wird sich selbst immer im Zusammenhang mit seiner Umwelt sehen und sich als Teil der überaus leicht zerstörbaren Natur empfinden müssen. Der Mensch der Zukunft wird nicht egoistisch handeln dürfen. Er wird sich in den Partner, der ihm begegnet, eindenken müssen, aber nicht nur in ihn, sondern auch in denjenigen, der ihm nicht begegnet, den räumlich Entfernten, sowie auch den zeitlich Entfernten. Er wird also auch für den zukünftigen Menschen empfinden müssen, für den, der noch nicht geboren ist, der aber mit dem, was ihm hinterlassen wird, leben muß.

Im folgenden sollen diese Fähigkeiten, die uns heute für eine zukunftsorientierte Pädagogik als Lernziele wichtig erscheinen, genauer definiert werden. Dabei wird von Grundqualifikationen ausgegangen werden. Diese grundlegenden Fähigkeiten wird das Kind aber nur dann sinnvoll einsetzen können, wenn sie Werthaltungen und Grundeinstellungen entspringen, die zukünftigen Problemlösungsstrategien nicht zuwiderlaufen. Dem Bezug zur Natur soll beispielhaft ein besonderes Schwergewicht zugemessen werden.

Es wird für den Leser offensichtlich sein, daß solche Ziele erstrebenswert sind und möglicherweise werden sie zunächst als selbstverständlich und »schon immer praktiziert« angesehen. Wir müssen uns aber im erzieherischen Alltag überprüfen, ob wir diese allgemein anerkannten und von uns angestrebten Erziehungsziele nicht nur verbal äußern, sondern tatsächlich in konkrete Teilziele übersetzen und mit unserem pädagogischen Handeln vereinbaren.

Hinterfragung des eigenen pädagogischen Verhaltens

Durchdenken Sie den Tageslauf, den Sie in letzter Zeit mit einem Kind durchlebten, sehr kritisch. Welche der folgenden Erziehungsziele vertreten und verfolgen Sie?

a) Verstärken Sie vorrangig solche Fähigkeiten, die das Kind benötigt, um vertrauensvoll, mutig, selbstsicher, flexibel und verantwortungsbewußt handeln zu können?
b) Neigen Sie unbewußt eher dazu, das Kind zu Anpassung (z. B. Gehorsamkeit), geringer Hinterfragung

und geringer Selbstbestimmung und zu wenig Verantwortungsübernahme zu erziehen?

c) Unterliegen Sie der Gefahr, vorrangig äußerlich meßbare Erziehungsziele aufzustellen und Ihre praktische Arbeit danach auszurichten, zum Beispiel feinmotorische Fähigkeiten, Sprachschatz, abrufbares Wissen?
d) Wie weit stimmen Ihre Ziele und Ihr tatsächliches Verhalten überein?

Lernfähigkeit

Der Mensch wird sich in Zukunft mit so vielen differenzierten und neuartigen Wissensinhalten auseinandersetzen und immer wieder andersgeartete Verhaltensmuster aufbauen müssen, daß er seine Handlungen von einem vorher erlernten Repertoire nicht mehr ableiten können wird. Es wird deshalb in Zukunft weniger auf die Speicherung von Lerninhalten ankommen, als vielmehr darauf, sich in den gegebenen Situationen das erforderliche Wissen und Können zu beschaffen.

Bisher sind wir gewohnt, Grundwahrheiten zu akzeptieren und unsere Handlungen auf sie als faktische Gegebenheiten aufzubauen. Wir fangen jetzt aber an zu erkennen, daß wir selbst diese Grundwahrheiten in Frage stellen müssen. Robert Jungk führte 1972 bereits aus, daß es in Zukunft keine »ewigen Wahrheiten« geben werde, daß selbst die Naturgesetze, die von Menschen als Erklärung für naturgegebene Vorgänge aufgestellt wurden, nicht für alle Zukunft als unumstößlich angesehen werden dürfen (*Jungk* 1972, S. 9 ff).

Zukünftiges Handeln wird deshalb eine weit stärkere Beweglichkeit von uns verlangen. Es wird darauf ankommen, Gedanken zu entwerfen, aber aufgebaute Denkmuster genauso schnell wieder auflösen und umstrukturieren zu können. Zukünftiges Lernen kann deshalb nicht darauf ausgerichtet

sein, Handlungsstrukturen und Handlungssysteme zu lernen, sondern Lernen zu lernen.
Die natürliche Lernbereitschaft des Kinder wird die zukünftige Lernbasis sein, denn das Kind ist lernbereiter als wir in der Regel annehmen. Seine Lernbereitschaft und seine Lernfähigkeit werden durch die heutige Erziehung häufig eingeengt.
So hat das Kind natürlicherweise ein starkes Neugierverhalten, das durch einschränkende pädagogische Maßnahmen im Laufe der Entwicklung in der Regel kanalisiert und begrenzt wird. Das Kind läßt sich durch Mißerfolge im allgemeinen nicht so schnell entmutigen, sondern erprobt die Handlung erneut. Eine Situation hat beispielsweise so lange einen Handlungsreiz für das Kind, wie es sich als noch nicht sicher empfindet. Mit dem Sicherwerden läßt sein Interesse an der Handlung nach. Der Pädagoge muß dieses Neugierverhalten ansprechen und fördern und das Kind zum Fragen provozieren. Der Lernende sollte den Eindruck haben, ein Abenteuer anzufangen. Dabei sollte er sein Erfolgserlebnis aus dem Wagnis und dem eingeschrittenen Weg ableiten können und nicht aus dem Ergebnis. Das bedeutet zugleich, daß der Lernende nicht fürchten muß, daß sein Ergebnis gemessen, verglichen und abqualifiziert wird.
Er wird ein optimistisches Vertrauen besitzen müssen, um Situationen auch dann zu meistern, wenn Lösungen zunächst unerreichbar und aussichtslos erscheinen. Das bedeutet, daß er ein gefestigtes Urvertrauen und ein sicheres Selbstbewußtsein haben muß.
Unsere Erziehung darf nicht von fertig formulierten Lernstrukturen ausgehen, sondern es sollte dem Kind ermöglicht werden, eigene Gedanken und Lösungen entwerfen zu können.

Folgende Schwerpunkte müßten deshalb beispielsweise für zukünftiges Lernen gesetzt werden:

- die geistige Beweglichkeit, die die erforderliche Loslösung von bisherigen Verhaltensstrategien ermöglicht,

- der Mut, sich an Neues zu wagen, und diesen Mut auch bei geringem Erfolg beizubehalten,
- die Fähigkeit, sich neue Grundtechniken und Wissen anzueignen,
- das Erfassen und Selektieren von Wesentlichem und Nichtwesentlichem,
- die Fähigkeit, Situationen von verschiedenen Gesichtspunkten her beurteilen zu können,
- das Wissen, woher man sich Lernhilfen holen kann,
- die Fähigkeit, das eigene Lernen zu reflektieren, das heißt, sich selbst auf seinem Weg zum Ziel zu beobachten, diesen Weg zu beurteilen, mit anderen bisher gelernten Verhaltensstrategien in Verbindung zu bringen und ggf. neue Richtungen einzuschlagen.

Es kommt darauf an, daß das Kind in seiner Lebenssituation lernt, Gegebenheiten zu erfassen, Hintergründe zu erforschen und sich Sinnzusammenhänge bewußt zu machen. Welche Sinnzusammenhänge aus Gegebenheiten abgeleitet werden, hängt weitgehend von Motivationen ab. Wenn zum Beispiel jemand mit kooperativen Grundstimmungen eine Situation betrachtet, wird er andere Sinnzusammenhänge erkennen als ein anderer, der die gleiche Situation lediglich aus dem eigenen Bedürfnisfeld sieht. Es ist deshalb wichtig, daß bereits das Kind lernt, sich mit seinen Lebenssituationen aus einem partnerschaftlichen Blickfeld auseinanderzusetzen und daß es immer darauf eingestellt ist, Langzeitwirkungen und Nebeneffekte zu berücksichtigen. Nur so kann es eine innovative Lernfähigkeit erwerben, das heißt, daß es in der Lage ist, in seinen Handlungsstrategien in neuen Situationen überregionales und zeitdimensionales Denken einbeziehen zu können (Näheres siehe *Club of Rome* 1980).

Eine Hortgruppe plant, sich öfters mit einer Gruppe türkischer Kinder zu treffen und gemeinsame Aktionen zu unternehmen. Ziel dieses Projektes ist, Kontakte anzubahnen, sich Vorurteile bewußt zu machen und sich damit auseinanderzusetzen und soweit wie möglich den türkischen Kindern Integrationshilfe zu bieten.

Den Hortkindern ist es klar, daß die türkischen Kinder sich wahrscheinlich in ihrer national abgeschlossenen Gruppe wohlfühlen. Sie wollen ihnen auch nicht ihre nationale Identität nehmen, aber sie wollen dazu beitragen, daß sie sich später nicht in ein Ghetto zurückziehen, weil sie sich in Deutschland als Fremde fühlen müssen.
In ihrer Begeisterung über ihren Plan entwickeln die Hortkinder Vorstellungen über konkrete Maßnahmen und mögliche Erfolge. Sie sprechen zum Beispiel von langfristigen Freundschaften mit den türkischen Kindern und sehen ihre Rolle als Erwachsene im Umgang mit Türken positiver als die Erfahrungen, die ihre Eltern jetzt in der Nachbarschaft und auf der Arbeitsstelle sammeln.
Die Hortgruppe bereitet dieses Unternehmen vor, plant die einzelnen Aktivitäten, wobei versucht wird, die Türken auch in die Planung einzubeziehen. Die Hortkinder reflektieren jeweils den Ablauf und den Stand der Beziehungen.
Die deutschen Kinder werden bereits nach den ersten Kontakten merken, daß sie die bisherige Denkweise, die sie teilweise von ihren Eltern übernommen haben, verändern. Während sie sich bisher Ausländern gegenüber distanziert verhielten und sie aus ihren Spielen weitgehend ausschlossen, planen sie jetzt integrierte Spiele und haben ihre Freude daran. Es gibt zwar auch Treffen, vor allem am Anfang, die sie als resignierend empfinden, weil die türkischen Kinder ihre Gedanken nicht nachvollziehen können. Die Aufgabe ist aber doch so reizvoll, daß sie nicht aufgeben.
Die Hortgruppe macht sich jetzt darüber Gedanken, warum ihr Vorhaben von den türkischen Kindern nicht nachvollzogen werden kann. Um den Ursachen mehr auf den Grund zu gehen, planen Sie, Informationen einzuholen. Sie leihen sich Bücher in der Bücherei aus und bearbeiten sie in der Gruppe. Dabei werden sie feststellen, welche Bücher und welche Informationen für sie von Bedeutung sind und was für sie unwesentlich ist. Um ihr Bild zu ergänzen, besuchen sie eine türkische Familie. Dabei lernen sie, ihre Erkenntnisse nicht nur durch Lesen und Gespräch zu gewinnen, sondern auf nonverbale Art und Weise, zum Beispiel über die Beobachtung oder das gefühlsmäßige Erleben.
Die Hortkinder machen sich jetzt gegenseitig aufmerksam, wenn im Fernsehen etwas über Türken in ihrer Heimat oder bei uns ausgestrahlt wird.
Die Eltern der Hortkinder erzählen öfter, daß die Kinder über ihr Vorgehen und ihre Erfolge berichten. Dabei kommt es zu Diskussionen über die Erfahrungen der Kinder und die andersgearteten Einstellungen vieler Erwachsener.

1. Übertragung der theoretischen Erkenntnisse in das gegebene Beispiel

a) Gehen Sie von den Denk- und Handlungsprozessen der Hortkinder in dem Beispiel aus. Wo zeigen sich bei den Kindern Lernhandlungen, die den genannten Schwerpunkten für zukunftsrelevantes Lernen entsprechen? (Zum Beispiel: inwiefern zeigt sich bei den Kindern geistige Beweglichkeit in Form von Loslösung von bisherigen Verhaltensstrategien?)

b) Überlegen Sie, in welchen unterschiedlichen Sinnbezügen die einzelnen Personengruppen (Hortkinder, türkische Kinder, deutsche Eltern, türkische Eltern) die Aktivitäten sehen können.

c) Durchdenken Sie, inwiefern hier Ansätze partizipatorischen Handelns von den Kindern gezeigt werden, das heißt, wie weit die Hortkinder bei ihrem Handeln die türkischen Kinder mit ihren Bedürfnissen einbeziehen und sich damit aus dem regional begrenzten Denken lösen.
Lassen sich in diesem Beispiel auch Handlungsstrategien erkennen, die die Zukunft einbeziehen, und somit antizipatorisches Lernen für die Kinder bedeuten?

2. Übung von geistiger Beweglichkeit und Reflexion

a) Versetzen Sie sich in die Situation eines Beratungsgesprächs zwischen einem Fachberater für Heizungsanlagen und einem Interessenten, der in seinem Reihenhaus von der Ölheizung abkommen möchte. Spielen Sie diese Situation.
Ihre mangelnden Fachkenntnisse können Sie in dem Gespräch durch fiktive Annahmen ersetzen, die Sie aber so realistisch wie möglich angeben sollten.
Das gespielte Gespräch könnte besonders interessant werden und von Ihnen eine starke geistige Beweglichkeit verlangen, wenn ein weiterer Mitspieler angegebene »Fakten« als falsch erklärt. Dieser Mitspieler könnte

Sachverständiger sein, der einerseits von sich aus in das Gespräch eingreift, zum anderen aber auch befragt werden darf. Er soll dabei die Funktion verschiedener Sachberater einnehmen, zum Beispiel als Biologe, Soziologe, Techniker, Energiefachberater, Chemiker, Geologe. Die beiden Mitspieler müssen ihn bei Fragen jeweils der Frage angemessen mit der Berufsbezeichnung ansprechen. Wenn er beispielsweise als Biologe gefragt wird, aber nicht eine biologische Frage gestellt bekommt, verweigert er die Auskunft.
Versuchen Sie, so erfinderisch wie möglich in Ihrer Lösungssuche zu sein und Ihre Argumente zu begründen.

b) Reflektieren Sie Ihr Verhalten.
Überlegen Sie, wann und wie Sie die genannten Lernschwerpunkte leisten konnten.

Beobachtungsfähigkeit, Aufgeschlossenheit, Kritikbewußtsein

Wenn wir das Kind dazu befähigen wollen, als Erwachsener den zunehmenden Problemen besser gewachsen zu sein als wir heute, gehören Beobachtungsfähigkeit, Aufgeschlossenheit und Kritikbewußtsein unbedingt zu den Grundqualifikationen, die es bereits in seiner Kindheit erwerben muß. Es muß später in der Lage sein, Veränderungen in seiner Umwelt wahrzunehmen und ihnen Einhalt zu gebieten, bzw. Gegenmaßnahmen zu entwickeln und deren Auswirkungen zu verfolgen. Das heißt, daß wir das Kind darin schulen müssen, seine Lebenssituation bewußt zu erfassen, zu analysieren und in Zusammenhängen zu erkennen. Das setzt weiter voraus, daß das Kind eine kritische Einstellung entwickelt, eine Haltung, die Bisheriges in Frage stellen kann.

Von den Hortkindern, die sich mit den türkischen Kindern treffen, wird eine Menge von Beobachtungsfähigkeit, Aufgeschlossenheit und Kritikbewußtsein verlangt.

Sie werden bei den fremdländischen Kindern jede einzelne Reaktion, die diese auf ihre Initiative zeigen, wahrnehmen müssen, insbesondere, da sie hier nicht von ihren bisherigen Erfahrungen ausgehen können, sondern eine andersartige Gruppe vor sich haben. Das heißt, sie müssen sensibel werden für alle Arten von Signalen, die von den fremden Kindern ausgehen, zum Beispiel eine Veränderung der Mimik von Erwartung zu Freude, eine kleine Handbewegung. Die Hortkinder müssen die Signale deuten und ihre Motive erforschen.

Das Kind darf sich in der Beobachtung seiner Lebenssituation nicht als teilnahmsloser Außenstehender fühlen, sondern es muß dazu hingeführt werden, daß es sich selbst als handelnder Mittelpunkt seiner Lebenssituation erkennt. Dem Kind muß dabei bewußt werden, daß es durch jede Beobachtung gefühlsmäßig angesprochen wird und sich damit seine Einstellungen verändern. Über diese psychischen Prozesse muß es lernen zu reflektieren, das heißt, sich die Vorgänge bewußt zu machen. Darüber hinaus muß sich das Kind durch die Beobachtung auch als Reagierender angesprochen fühlen. Es muß handeln und muß wiederum seine Aktionen in den direkten Wirkungen und in den verzweigten Nebenwirkungen beobachten. Die Handlungen anderer Menschen müssen ebenso in ihren Folgen und Nebenwirkungen erfaßt werden. Bei gefestigtem Selbstbewußtsein wird das Kind auch in der Lage sein, seine Wahrnehmungen mitzuteilen und zwar direkt demjenigen, der die Handlung ausgelöst hat. Bei allen Beobachtungen darf sich das Kind nicht mit vordergründigen Erscheinungen und Erklärungen begnügen, sondern es muß sich immer bemühen, Hintergründe zu erfassen.

Die Hortkinder müssen die Rückmeldungen, die sie durch Signale von den türkischen Kindern erhalten, in ihr Handeln einbeziehen. Dabei müssen sie registrieren, wie diese Rückmeldungen auf sie selbst wirken und dürfen sich nicht aufgrund evtl. Kränkungen zurückziehen, sondern müssen ihre Offenheit bewahren. Sie würden anzuerkennende Fähigkeiten erlangt haben, wenn sie es schaffen könnten, den türkischen Kindern mitzuteilen, wie diese Signale auf sie gewirkt haben. Zum Beispiel: »Ich habe den Eindruck, daß dir dieses Spiel nicht gefällt«, oder »Stimmt es, daß du dich nicht traust?« Vielleicht schaffen es die Hortkinder auch zu erkennen, daß Fatma lacht, weil es ihr peinlich ist und nicht, wie man leicht annehmen könnte, weil sie sich über etwas lustig macht. Im Anschluß an den Nachmittag werden die Hortkinder vielleicht darüber reden, wie sie sich verhalten haben und wie ihr Verhalten auf die türkischen Kinder gewirkt hat.

Beobachtungsfähigkeit, Aufgeschlossenheit und Kritikbewußtsein dürfen nicht nur in der Begegnung mit dem Menschen geschult werden, sondern müssen in allen Lebenssituationen des Kindes bearbeitet werden. Das folgende Beispiel soll das verdeutlichen.
Die Kinder einer Kindergartengruppe beobachten die Vögel im Winter und beschließen, sie zu füttern, weil sie feststellen, daß die Vögel im Schnee kein Futter finden können. Sie erinnern sich an einen Spaziergang im Herbst, bei dem sie auf gerade abgeernteten Feldern viele Ähren und Körner gefunden und für den Winter aufbewahrt hatten. Auch die Sonnenblumen aus dem Garten fallen ihnen wieder ein. Sie beobachten nun die Vögel, erkennen gleiche Arten wieder und fragen nach ihren Namen. Auf dem Weg zum Kindergarten sind sie jetzt aufmerksamer auf Vögel und sehen, welche Nahrung sie in der Natur finden.
Als die vorhandenen Futtervorräte zu Ende gehen, überlegen sie, wie sie weiteres Futter beschaffen können und gehen einkaufen. Dabei stellen sie fest, wie teuer Vogelfutter ist und daß es zum großen Teil aus Nahrung besteht, die auch Menschen essen können. Die Kinder denken an die vielen Felder, auf denen niemand die liegengebliebenen Ähren aufgehoben hat.

Die Kinder in diesem Sinne zu schulen, verlangt vom Erzieher, daß er die Förderung der Wahrnehmung in jeder alltäglichen Situation anstrebt. Diese Schulung muß ihm so selbstverständlich werden, daß er durch seine Persönlichkeit in dieser Weise auf die Kinder wirkt und jeden Ansatz bei den Kindern spontan verstärkt. Wenn ihm das gelingt, wird das Kind in seiner Umweltwahrnehmung nicht nur den Zustand einer Situation erfassen, sondern Prozesse erkennen und Konsequenzen ableiten können. Bei einem reflektierenden Erzieher wird das Kind bereits zu Ansätzen alternativen Denkens angeregt werden.

Anwendung

a) Treten Sie an das Fenster. Wählen Sie einen Ausschnitt aus Ihrem Blickfeld, den Sie intensiv betrachten. Wiederholen Sie diese Betrachtung in einem festgelegten zeitlichen Rhythmus, z. B. jeden Tag zur gleichen Zeit oder zu unterschiedlichen Tageszeiten.
Registrieren Sie alles Wahrnehmbare und die eintretenden Veränderungen.

b) Vergegenwärtigen Sie sich eine Situation, in der Sie heute noch einem Ihnen vertrauten Menschen begegnen werden. Stellen Sie sich vor, wie er sich voraussichtlich verhalten wird.
Beobachten Sie in der Situation sein tatsächliches Verhalten und vergleichen Sie es mit dem vorgefaßten Bild. Geben Sie ihm Rückmeldung, wie Sie ihn heute erlebt haben. Versuchen Sie auch, die dahinter stehenden Gefühle anzusprechen.

c) Gehen Sie Ihre Nachbarschaft und deren Gegebenheiten gedanklich durch. Schreiben Sie auf, welche Veränderungen Sie als wünschenswert halten.
Begründen Sie Ihre Auffassung.

d) Versuchen Sie, ältere Bilder Ihres Ortes bzw. Ihrer Stadt zu finden und vergleichen Sie die Ausschnitte mit der jetzigen Situation. Können Sie die Entwicklung und deren Ursachen nachvollziehen?
Übertragen Sie dieses Vorgehen auf andere Gebietsentwicklungen, zum Beispiel Industriegebiete, Flußläufe, landwirtschaftliche Anbauflächen, Urlaubsbereiche.
Sprechen Sie mit anderen über Ihre Ansichten.

Initiative und Handlungsbereitschaft

Ein Kleinkind versucht, auf einen Stuhl zu klettern und fällt dabei. Wir trösten es, weil es sich wehgetan hat, berücksichtigen aber kaum, wie schmerzhaft dem Kind der Mißerfolg ist. Selten wird ein Erzieher jetzt beispielsweise einen kleinen Hocker vor den Stuhl stellen und Sicherheitshilfe geben, meistens wird dem Kind gesagt: »Das ist noch zu schwer für dich.«

Das Kleinkind ist in der Regel motiviert, Initiativen zu ergreifen und handelnd aktiv zu werden. Diese starke Motivation wird durch Mißerfolge gebremst, die wir als Erzieher zu wenig mit dem Kind aufarbeiten.

Wir wissen als Erwachsene, daß das Kind noch eine gewisse Wachstums- und Schulungsperiode braucht, um selbständig auf den Stuhl klettern zu können. Diese Vorstellungen legen uns pädagogische Maßstäbe an, die uns den Blick dafür verschließen, daß das Erklettern des Stuhls für das Kind jetzt wichtig war.

Mit unseren erzieherischen Maßnahmen schränken wir häufig die Initiative des Kindes ein, weil wir andere Handlungsvorstellungen haben, die auf traditionellen und für uns bewährten Handlungsstrategien beruhen. Wir gehen damit zu wenig auf die natürliche Motivation des Kindes ein. Eine so geartete Initiative des Kindes wachzuhalten und Impulse zum Handeln zu geben, müßte deshalb viel stärker als bisher Bestandteil einer pädagogischen Zielsetzung werden.
Die in dieser Weise häufig gemachten Erfahrungen während der Kindheit und Jugendzeit bewirken dann oft beim Erwachsenen, daß er die Notwendigkeit der Initiative im Alltag nicht mehr erkennen kann. Vielleicht nimmt er aber auch ein diffuses Unbehagen wahr. Er ist jedoch vom augenblicklichen oder traditionellen Ablauf der Situation so vorbestimmt, daß er die Initiative nicht ergreifen kann.

Obwohl man eine Fernsehsendung als bloße Unterhaltung empfindet, schaltet man sie nicht aus.

Es wird keine Initiative zu einem Gespräch mit einem Nachbarn ergriffen, von dem man weiß, daß er keinen Gesprächspartner hat, ihn aber braucht.

Es kommt deshalb darauf an, daß wir als Erzieher die Initiative des Kindes wachhalten und bestärken. In diesem Zusammenhang sind folgende Ziele von Bedeutung:

- Beim Kind wird die Initiative noch stark von seinen individuellen Bedürfnissen bestimmt sein. Der Erzieher hat hierbei die Aufgabe, das Kind von den primär materiellen Bedürfnissen zu geistigen Bedürfnissen weiterzuführen. Er darf dabei nicht – veranlaßt durch gesellschaftliche Werte und Normen – die noch nicht befriedigten Bedürfnisse des Kindes einschränken, z. B. das Zärtlichkeitsbedürfnis, das Spielbedürfnis und das Bedürfnis, Gedanken, Gefühle und Wünsche zu äußern.

Ein Kind sieht im Geschäft ein perfektioniertes Puppenhaus und hat den Wunsch, es zu besitzen, um damit zu spielen. Hier könnte der Erzieher lenkend eingreifen und dem Kind verdeutlichen, daß es ihm mehr Befriedigung bringen würde, das Puppenhaus selbst aus Kartons und Holz herzustellen. Er darf allerdings nicht den Hauptzweck im Herstellen des Puppenhauses sehen (im Sinne von Erbringen von Leistung und sichtbarem Ergebnis), sondern muß dem Kind Anregung geben, mit dem Selbsthergestellten auch wirklich zu spielen (ursprüngliches Bedürfnis).

- Mit zunehmendem Alter kann das Kind dahin geführt werden, die Bedürfnisse des Partners in sein Handeln einzubeziehen. Dazu gehört ein Gefühl der Empathie (Einfühlungsvermögen), das vom Erzieher gezielt gefördert werden muß. Gleichzeitig muß das Kind lernen, seine eigenen Bedürfnisse – auch die emotionalen und geistigen – zu verbalisieren, damit sie vom Partner wahrgenommen und in die Handlung einbezogen werden können.

Drei Kinder spielen in der Bauecke. Während von dem dreijährigen Jens noch kaum verlangt wird, sich auf seine beiden älteren Spielpartner einzustellen, wird von den beiden Großen bereits erwartet, daß sie die eigenen Bedürfnisse angemessen zum Ausdruck bringen und sich auf die Partner einstellen.

Das kann sich zum Beispiel darauf beziehen, daß Torsten seine Ängste äußert, Inge könne ihm zu viele Bauklötze wegnehmen, daß Inge diese Ängste erkennt, ihren Plan äußert und ihn mit Torsten abspricht.

• Zukünftige Situationen werden erfordern, daß man sich weniger auf Führung verläßt und sich seltener von der Einstellung und dem Verhalten der Bevölkerung mittragen läßt, sondern gegen die Lethargie angeht, indem man auch als einzelner Initiative ergreift. Die Initiative muß selbst dann durchgehalten werden, wenn man keine Unterstützung erhält und es gegen die eigene Bequemlichkeit geht. Diese Fähigkeiten muß der Erzieher frühzeitig durch pädagogische Maßnahmen (insbesondere durch sein Vorbild) aufbauen und verstärken.

1. Reflexion des eigenen Verhaltens

Durchdenken Sie die folgenden Fragen nicht nur im Hinblick auf Ihre gegenwärtige Situation oder die Zukunft, sondern auch in bezug auf Ihre diesbezüglichen Erfahrungen.

a) Welche Beispiele aus Ihrem Alltag fallen Ihnen ein, in denen Sie aus Routine handeln, ein allgemeines Unbehagen an dieser Routine empfinden, aber den Schritt zur Veränderung nicht vornehmen?
b) Wo würden Sie gerne Initiative ergreifen, aber es fehlt Ihnen der Mut dazu (z. B. gegenüber der Meinung anderer, gegenüber Normen und Traditionen)?
c) Wo würden Sie Initiative ergreifen, wenn Sie sicherer wären, das Vorhaben mit seinen Anstrengungen durchzuhalten?
d) Wo nehmen Sie als Gruppenleiter dem Kind die Möglichkeit zur Initiative, weil Sie selbst zu aktiv sind?
e) Diskutieren Sie, ob sich über Raumgestaltung und Materialauswahl eigenständige Initiative der Kinder beeinflussen läßt.

f) Hinterfragen Sie bestehende Gruppenregeln, ob diese Regeln die Initiative des einzelnen behindern oder fördern.

2. Übung: Gruppengemälde (nach *Höper* 1977, S. 68)
Gruppengröße: bis etwa 15 Teilnehmer
Material: Papier und Farben (Tapetenrolle, Packpapier, Makulatur; Filzstifte, Wachskreiden oder Fingerfarben)
Durchführung: Die Gruppe sitzt um das Papier herum. Es darf nicht gesprochen werden. Jedes Gruppenmitglied soll sich nun an der Entstehung des Gemäldes beteiligen, sooft und solange es möchte.
Beobachtungskriterien und Nachgespräch:
Wer fängt an, wer zögert, warum?
Wer setzt neue Impulse, wer führt fort?
Wieviele Leute malen gleichzeitig?
Entstehen Pausen?
Wie und durch wen werden diese beendet?
Wann fiel es dem einzelnen leicht, initiativ zu werden?

Weitere ähnliche Übungen können durchgeführt werden. Zum Beispiel:

- Jeder Gruppenteilnehmer hat einen oder mehrere größere Bausteine. Ein Bauwerk soll ohne Kommunikation entstehen. Es darf immer nur ein Teilnehmer zur Mitte gehen, seinen Stein anlegen oder etwas verändern (*ebd.* S. 63).
- Es wird diskutiert. Im Anschluß wird der Ablauf der Diskussion im Hinblick auf die Initiative des einzelnen reflektiert.

3. Beobachtungsaufgabe
Beobachten Sie Ihren Alltag. Wer ergreift wann Initiative? Beurteilen Sie diese Initiative: Handelt es sich um die Ausführung alltäglicher Routine oder liegt eine bewußte und gegen die Gewohnheit liegende Handlungsbereitschaft vor?
Beispiel: im Wohnzimmer:

• Das Kind kommt und bittet um Papier, weil es malen möchte.
• Der Vater steht auf und stellt Tee auf (was er sonst nicht tut).
• Die Mutter sieht auf die Uhr, und geht wie immer in die Küche, um Abendbrot zu machen.

4. Übertragungsaufgabe
Blättern Sie zurück zu Aufgabe c), Seite 106. Wählen Sie eine der von Ihnen in der Nachbarschaft als wünschenswert angesehenen Veränderungen aus, bei der Sie meinen, erste Schritte vornehmen zu können.
Ergreifen Sie Initiative.
Wie schwer fällt es Ihnen, diesen Ansatz zu beginnen?
Reflektieren Sie im Nachhinein Ihre Schritte und Ihre Gefühle.

Verantwortungsübernahme

Veränderungen werden häufig deshalb nicht unternommen, weil das Verantwortungsbewußtsein des einzelnen nicht ausreicht, eingefahrene Handlungsweisen zu ändern, insbesondere wenn die Gegebenheit nicht nur eine Person, sondern einen ganzen Personenkreis betrifft. Man fühlt sich nicht zuständig oder man erwartet, daß ein anderer die Initiative ergreift. Der einzelne zieht sich in Mitläuferpositionen zurück.

• Fabrikarbeiter ärgern sich über die nicht volle Funktionsfähigkeit einer Maschine, unternehmen aber nichts, weil dafür der Werkmeister zuständig ist, der einmal in der Woche kontrolliert.
• Kinder beschädigen eine Parkbank. Vorübergehende bemerken das, laufen aber wie jeder andere weiter und sehen sich nicht veranlaßt einzugreifen.
• Passanten registrieren einen Ampelausfall, melden es aber nicht weiter.
• Wanderer lassen ihre Abfälle auf dem Grillplatz liegen. Anwesen-

de Spaziergänger sehen es, ärgern sich darüber, jeder hofft, daß der andere etwas sagt.

• Hunde laufen durch den Wald, verscheuchen und jagen Tiere. Spaziergänger, die das beobachten, sprechen den Hundebesitzer nicht darauf an, sondern erwarten entsprechende Maßnahmen nur vom Förster.

• Ein Gelände vor der Stadt soll als Industriegebiet erschlossen werden. Die einzelnen Bürger sind entsetzt, unternehmen aber nichts mit der Begründung, sie seien doch zu machtlos, weil die Starken ihre Interessen in jedem Fall durchsetzen werden.

Verantwortungsbewußtsein für eigenes und gemeinschaftliches Handeln muß deshalb von Kindheit an erworben werden. Diese grundlegende Fähigkeit muß schrittweise geschult und erweitert werden.
Das Kind wird zunächst Verantwortung für Einzelpersonen erlernen, wird dann die Verantwortung auf Gruppen erweitern können und müßte letztlich zur Verantwortlichkeit für die Weltbevölkerung geführt werden.

Vom fünfjährigen Heiko kann man erwarten, daß er kurze Zeit auf seinen jüngeren Bruder aufpaßt.
Der sechsjährige Michael kann vielleicht seine Spielgruppe veranlassen, in der Mittagszeit nicht im Hof, sondern auf dem in der Nähe liegenden Spielplatz zu spielen, weil sonst ältere Leute gestört werden könnten.
Die Jugendgruppe unternimmt selbständig eine Sammlung für Erdbebengeschädigte.

Verantwortung für die Natur in der direkten Umgebung kann im Kind schon früh aufgebaut werden. Aber auch Verantwortlichkeit gegenüber weltweiten Naturveränderungen kann das Kind bereits entwickeln.

Das Kindergartenkind kann lernen, Wiesenblumen nicht wahllos abzupflücken oder den Frosch in seiner Natur zu belassen, anstatt ihn mit nach Hause zu nehmen. Es kann lernen, Wasser sparsam zu verwenden und Papier voll zu nutzen.
Das Schulkind kann sich bei Säuberungen von Wäldern und Flußufern beteiligen oder kann Kindern aus seiner Gruppe mitteilen, warum sie Frösche in der Natur belassen sollen.

Es ist auch durchaus denkbar, daß das Schulkind seine Eltern auf die Schädlichkeit der Düngung im Garten hinweist und ihnen erklärt, daß dadurch Flüsse und Meere beeinträchtigt werden.

Die Verantwortung in den genannten unterschiedlichen Zusammenhängen darf nicht nur für die Gegenwart aufgebaut werden, sondern muß immer den Zukunftsaspekt einbeziehen. Das Kind wird im Laufe seiner Entwicklung diese Verantwortlichkeit zunehmend erfassen können. Der Pädagoge kann hierbei dem Kind weit mehr Verantwortung zugestehen und abverlangen als er ihm häufig zutraut, weil das Kind unbefangen und flexibel ist. Erst durch gesellschaftliche Gegebenheiten wird es in seinen Bedürfnissen und deren Verwirklichung festgelegt. Dazu kommt, daß das Kind von sich aus motiviert ist, weil es in seiner Handlungskompetenz und seiner Verantwortungsübernahme zunehmen möchte. Der Erwachsene neigt aufgrund seiner Erfahrungen leichter dazu, still zu stehen oder sich zurück zu ziehen. Aufgabe des Erziehers ist es, die Motivationen und die Flexibilität des Kindes zu lenken, damit es aus Verantwortungsgefühl heraus seine Lebensform steuert.

Das Kind ist zum Beispiel flexibel genug, sich wärmer anzuziehen und die Raumtemperatur niedriger zu halten, ohne sich dadurch in seinem Wohlbefinden beeinträchtigt zu fühlen, bzw. diese Veränderung als wesentliche Einschränkung zu empfinden.
Das Konsumbedürfnis wird vom Erwachsenen aufgebaut. Das Kind wäre mit weniger Konsum durchaus zufrieden. Es ist heute sogar eine bewußte Abwendung vom Konsum bei Jugendlichen bemerkbar.
Das Kind ist fähiger als der Erwachsene, sich umzustellen und Gewohnheiten zu verändern. Allerdings durchschaut es beispielsweise von sich aus nicht, daß die Spraydose schädlich für die Atmosphäre ist und ihr Gebrauch auf lange Sicht das Klima beeinflußt. Wenn es aber darüber informiert wurde, kann es sich engagieren, den Gebrauch einer Spraydose ablehnen und entsprechend auf seine Eltern einwirken.

Bewußtmachung und Erweiterung der eigenen Verantwortungsübernahme

a) Zählen Sie Gruppen auf, denen Sie in irgendeiner Form zugehören.
Überlegen Sie, in welchen dieser Gruppen Sie Verantwortung übernehmen und in welchen Sie Mitläufer sind.
Greifen Sie eine Gruppe heraus, in der Sie bisher keine Verantwortung trugen. Entwickeln Sie eine Gruppenaktivität, für die Sie die Verantwortung übernehmen.
Warum fällt es Ihnen leicht, in manchen Gruppen Verantwortung für gemeinsames Handeln zu tragen, in anderen Gruppen dagegen nicht?
Hängt Ihr Verantwortungsgefühl stärker mit der Bezugsgruppe oder stärker mit bestimmten Situationen zusammen? Machen Sie sich Einseitigkeiten Ihres Verantwortungsgefühls bewußt.
b) Überprüfen Sie, ob Sie in letzter Zeit eine Veränderung in Ihrem Alltag vorgenommen haben, die der Verantwortung gegenüber der Zukunft entsprang. Hinterfragen Sie dabei ehrlich Ihre Motive, zum Beispiel könnte das Sparen von Benzin und Öl des eigenen Geldbeutels wegen geschehen sein.

Kooperation

Wenn Handlungen nicht von einzelnen bzw. Führungseliten bestimmt, sondern von Gemeinschaften getragen und verantwortet werden sollen, muß Kooperation in weit stärkerem Maß als in der Gegenwart stattfinden. Sie setzt ein Umdenken vom Ich zum Wir voraus und verträgt sich nicht mit Konkurrenzhaltungen. Heutiges pädagogisches Planen und Vorgehen wird aber in großem Maße durch Konkurrenzdenken bestimmt, das uns teilweise kaum bewußt wird, weil das

Handeln in den pädagogischen Institutionen von gesellschaftlichen Werten und Normen geprägt wird. Die Abhängigkeit unseres Denkens und Handelns von den gesellschaftlichen Einflüssen erschwert diese Bewußtmachung und damit auch die Loslösung vom Konkurrenzverhalten. An dieser Stelle wird deshalb insbesondere vom Pädagogen ein starkes Umdenken erforderlich sein.
Er wird seine Einstellung, sein Verhalten - mit dem er als Vorbild auf das Kind wirkt - und sein methodisches Vorgehen immer wieder überprüfen müssen, um nicht unwillkürlich und unbewußt konkurrierendes Verhalten beim Kind zu verstärken. Durch seine Selbstkontrolle wird er die Erkenntnisse gewinnen, daß das Kind bestimmte Grundfähigkeiten für kooperatives Handeln erwerben muß und daß es durch seine Erfahrungen mit Kooperation die Bereitschaft zur Zusammenarbeit vertiefen wird.

• Das Kind muß eigene Bedürfnisse zurückstellen können und zwar sowohl, wenn dies von der sachlichen Situation her erforderlich ist, wie auch, wenn es durch den Umgang mit den Partnern verlangt wird.

Torsten wird in der Bauecke erkennen können, daß Inge für ihre geplante Brücke viele Bausteine benötigt. Er kann an Inges Begeisterung ablesen, daß ihr der Plan sehr wichtig ist. Diese Erkenntnis macht ihn bereit, den eigenen Plan eines Turms zurückzustellen.

• Das Kind muß sachbezogen denken können, das heißt, Situationen weitgehend selbständig in ihren Zusammenhängen erfassen, um eigenständig Beiträge in die gemeinsame Planung einbringen zu können.

Torsten und Inge erkennen nun, daß die Brücke allein isoliert dasteht, daß sie Zugänge zur Brücke benötigen, um mit ihr spielen zu können. Sie planen deshalb den Bau von Straßen.

• Um gemeinsame Handlungsstrategien zu entwickeln und ein Ziel verfolgen zu können, muß das Kind sich mit Partnern absprechen können.

Torsten und Inge beginnen, ihr Vorhaben durchzusprechen und den Verlauf der Straßen festzulegen. Nachdem sie mit dem Bauen begonnen haben, stellen sie fest, daß die Bausteine nicht reichen. Sie beschließen, in der Nachbargruppe zu fragen, ob sie deren Bausteine ausleihen dürfen. Sie müssen dort verhandeln, unter welchen Bedingungen sie die Bausteine bekommen.

- Wenn das Kind Befriedigung im gemeinsamen Handeln erfährt, wird es sein Selbstwertgefühl nicht aus dem konkurrierenden Partnervergleich ableiten, sondern aus dem gemeinsamen Erleben und dem gemeinsam erreichten Ziel.

Es ist anzunehmen, daß Inge und Torsten in dem gemeinsamen Bauen der Stadt eine stärkere Befriedigung erleben als in dem ursprünglich vorgesehenen Nebeneinander von Turm und Brücke. Damit ist auch die Gefahr nicht mehr vorhanden, daß sie Turm und Brücke konkurrierend verglichen hätten.

Das fundamentale Erleben, daß das gemeinsame Handeln weiterführt als die denkbare Summierung von entsprechenden Einzelhandlungen, ist für das Kind von ausschlaggebender Bedeutung.

1. Reflexion
Wo und wie erleben Sie Kooperation?

2. Suche nach alternativer Leistungsbewertung
Haben Sie einen Vorschlag, das Handeln eines Kindes nicht im Vergleich mit Partnern zu messen und zu bewerten?
Könnte man Ihren Vorschlag auch dem Kind vermitteln, so daß es sich selbst auch nicht im Vergleich mit Partnern sehen muß?
Läßt sich Ihr Vorschlag auch auf schulische Leistungsmessung übertragen?

3. Analyse und Neugestaltung von Gesellschaftsspielen
Analysieren Sie Gesellschaftsspiele in bezug auf konkurrierendes und kooperatives Verhalten der Mitspieler. Worin liegt bei den einzelnen Spielen der Spielreiz?

Versuchen Sie, ein Spiel, das Sie als stark konkurrierend empfinden, so zu verändern, daß die Spielregeln zu Kooperation führen.
Sollte Ihnen das nicht gelingen, erfinden Sie selbst ein kooperatives Spiel.

Kreativität

Zukünftiges Leben wird vom Menschen eine starke kreative Fähigkeit fordern, weil es unzählige Situationen geben wird, die neu sind, und für die Lösungen gefunden werden müssen. Die Lösungen dürfen nicht in bisherigen Denkstrukturen laufen, sondern müssen alternative Richtungen einschlagen. An der Unfähigkeit, solche Denkwege gehen zu können, scheitern wir heute häufig. Es ist deshalb äußerst wichtig, das Kind zu einer größeren und anderen Kreativität zu befähigen, als wir sie heute aufweisen.

Wenn man mit einer Gruppe älterer Kinder Denkspiele durchführt, in denen für bestimmte Situationen neue und ungewöhnliche Lösungen gesucht werden sollen, wird man feststellen, daß es den Kindern schwerfällt, von ihren herkömmlichen Erfahrungen abzuweichen.
Zum Beispiel: »Was kann man mit einem Stück Strick anfangen?« oder »Wozu kann man einen Blumentopf verwenden?« Erwachsene sind gewöhnlich noch viel stärker festgelegt und können zu solchen Spielen oft keinen Bezug mehr aufbauen.

Relativ leicht fällt es uns, unkonventionelle Ideen im künstlerischen Bereich zu entwickeln, während wir bei der Suche nach Verwendungsmöglichkeiten im Alltag festgelegter sind. Das wird weitgehend damit zusammenhängen, daß in diesem Gebiet die Industriegüter uns sehr stark vorbestimmen. Damit wird unsere eigene Flexibilität eingeschränkt. Dazu kommt, daß künstlerische Kreativität sozial anerkannt wird, während man das Improvisieren im Alltag höchstens als Notlösung ansieht. Der einzelne ist auch durch die gewohnheitsmäßige Anwendung von Dingen vorgeprägt, da die Verwendung einer Sache von der Gesellschaft sehr vorgegeben ist. Wenn man einen Gegenstand unkonventionell verwendet, läuft man Gefahr, sich lächerlich zu machen. Man fühlt sich dann oft durch seine Bezugsgruppe so stark beeinflußt, daß man eine Idee, die man eigentlich umsetzen möchte, fallen läßt. Noch schwieriger ist die Umsetzung unkonventioneller Ideen, wenn sie gegen bestehende Normen durchgesetzt werden müssen. Wenn eine Familie beispielsweise im Sommer gerne unter freiem Himmel im Garten schlafen möchte, ist die größte Hürde wahrscheinlich: Was denken die Nachbarn über uns?

Der Erzieher muß sich klarmachen, daß durch die Umwelt die kindliche Kreativität eingeschränkt wird. Er muß das Kind entsprechend stärken und ermutigen, damit es als späterer Erwachsener kreativer wird als die heutige Erwachsenengeneration.
Der Pädagoge muß bewußt die Grundfähigkeiten des Kindes erhalten und erweitern, die dessen kreatives Können ausmachen. Dazu gehört Flexibilität, denn das Entwickeln neuer Gedanken ist nur aufgrund von geistiger Beweglichkeit möglich.
Kreatives Vorgehen setzt unkonventionelles Denken und Handeln voraus. Von dem Kind darf deshalb nicht ständig konventionelles Denken verlangt werden.
Für schöpferisches Denken ist die Loslösung von Klischees und Vorurteilen notwendig, das heißt, der Erzieher muß die Auseinandersetzung mit Vorurteilen und festgelegten Meinungen fördern und eingefahrene Denkmuster bewußt machen.
Das Finden alternativer Wege bedeutet ein Überwinden von den Normen, die sich zukünftig notwendigem Denken und Handeln widersetzen und unkonventionelle Entscheidungen behindern. Es ist für den Erzieher nicht leicht zu erkennen,

welche Normen das Kind in seinem späteren kreativen Denken behindern könnten. Deshalb ist das Selbstbewußtsein des Kindes Voraussetzung, damit es später eigenständig Entscheidungen treffen kann.

Bei der Auswahl von Spielmaterial wird der Erzieher feststellen, daß bestimmtes Material die Kreativität des Kindes ermöglicht, während anderes Spielzeug durch die Festlegung in seiner Handhabung schöpferisches Denken ausschließt. Er wird auch beobachten, daß das Kind zum Beispiel beim Spielen mit Bauklötzen sein ursprünglich vorgenommenes Ziel abwandeln kann, daß ihm häufig das Endergebnis nicht so wichtig ist wie das Spiel selbst. Je älter das Kind ist, desto mehr wird es durch die gesellschaftliche Erwartungshaltung geprägt, Ergebnisse zu erbringen. Sein Bau wird dann festgelegter und es verspürt Mißerfolge, wenn es sein ursprüngliches Ziel nicht erreicht.

Kreativität kann nur in lösungsoffenen Situationen entwickelt werden und erfordert deshalb ein Interesse an Problemen und solchen Situationen, die mehrere Lösungen zulassen. Der Erzieher darf dabei das Kind nicht zu stark auf Ergebnisse einstimmen, weil schöpferische Entfaltung unter Ergebniszwang häufig eingeschränkt wird.

1. Durchdenken einer ungewöhnlichen Situation
Stellen Sie sich vor, Sie wären auf einer unbewohnten Insel, ohne irgendwelches Material mitgenommen zu haben. Wie werden Sie sich helfen?
Die Nächte sind kühl, tagsüber kommen Sie aber mit Ihrer Kleidung aus. Sie wissen, daß erst wieder in vierzehn Tagen ein Fährschiff an der Insel vorbeikreuzt, dem Sie sich bemerkbar machen müssen.

2. Bild oder Collage
Stellen Sie anhand eines Bildes oder einer Collage ein Haus dar, bei dessen Bau zukunftsorientierte Aspekte möglichst ausschöpfend berücksichtigt wurden. Halten Sie sich dabei nicht nur an bisher Übliches und Bekanntes, sondern erfinden Sie selbst!

3. Gespieltes Streitgespräch
Führen Sie mit einem Partner ein Streitgespräch »pro und contra«. Wählen Sie als Gesprächsinhalt eine Abweichung von einer allgemein üblichen Lebensform.
Zum Beispiel:
Leben ohne Fernseher,
dem Kind kein spezielles Spielmaterial kaufen,
Urlaub abschaffen, dafür 4 Tage in der Woche arbeiten,
Gemeinschaftsküche und -eßräume in Wohnvierteln einrichten.
Suchen Sie noch andere Gesprächsinhalte, die für Sie möglicherweise ansprechend sind.

Werthaltungen

Die bisher genannten Qualifikationen könnte man völlig wertfrei bzw. richtungslos einsetzen. Sie müssen inhaltlich geprägt werden durch zukunftsrelevante Einstellungen. Zum Beispiel besagt Kreativität nicht, mit welcher inhaltlichen Ausrichtung sie gefüllt wird. Unsere Einstellungen bestimmen unsere Motivationen und unser Engagement. Wir werden uns kaum für etwas einsetzen, was uns unwichtig erscheint und schon gar nicht für etwas, was wir für wertlos erachten. Unsere Einstellungen haben damit eine selektierende Funktion, und zwar nicht nur in bezug auf die Motivation bzw. die Zuwendung zu einer Sache, sondern auch in bezug auf die Schwerpunkte, die wir innerhalb einer Handlung oder einer Situation setzen bzw. erkennen. Damit bestimmen unsere Einstellungen auch die Bewertung einer Situation.

Es geht um die Begradigung eines Flusses:
Der wirtschaftlich Denkende sieht den ökonomischen Wert, zum Beispiel den des Transportes, der naturbezogene Mensch denkt dabei an die Veränderungen in der Landschaft, der Pflanzen- und Tierwelt; der sozialdenkende Mensch bewertet möglicherweise den

Erholungswert der Gegend. Entsprechend ihrer unterschiedlichen Einstellung werden die einzelnen Personen z. B. als Gemeinderäte Entscheidungen für die Situation treffen.

Es stellt sich nun die Frage, welche Einstellungen wir als zukunftsrelevant erkennen und in die Pädagogik übernehmen können. Als Pädagogen werden wir uns im Klaren darüber sein müssen, daß wir besonders die Konkretisierung solcher Einstellungen nur von unserem augenblicklichen Standort her vornehmen können, und wir uns gerade bei diesen Zielformulierungen äußerst offen und beweglich halten müssen.
Wir können jetzt zum Beispiel noch nicht erkennen, ob eines Tages autarkes Handeln für jeden einzelnen zur grundlegenden Einstellung und Zielsetzung werden muß (zum Beispiel jeder erledigt alle anfallenden Arbeiten so weit wie möglich selbst) oder ob die Zusammenarbeit und das Füreinander arbeitsbestimmend sein sollten (jeder spezialisiert sich auf einen Fachbereich, hat hier detaillierte Kenntnisse, benötigt aber für Arbeiten außerhalb seines Spezialbereiches die Hilfe anderer Fachleute). Dagegen wissen wir heute schon, daß wir eine Grundhaltung erwerben müssen, die es uns selbstverständlich macht, Folgewirkungen von Handlungen zu bedenken und einzubeziehen und nicht nach dem gegenwärtigen und subjektiven Nutzen zu gehen.
Unsere Kritik wird dann beispielsweise ansetzen, wenn Folgewirkungen übersehen werden, und die Kreativität wird Wege suchen, das Wohl des einzelnen zu finden, ohne dabei dem anderen und dem zukünftigen Menschen oder der Natur zu schaden.

Die bisher genannten Fähigkeiten wie zum Beispiel Kritikbewußtsein, Kooperation, Kreativität sind in unserer Gesellschaft anerkannte Ziele und werden in vielen pädagogischen Ansätzen angestrebt. Die bestimmenden Motivationen in der Gesellschaft sind aber so vorherrschend, daß der einzelne diese Fähigkeiten wenig entwickeln und leben kann: beispielsweise prägt die Konkurrenz den Alltag mehr als die Koopera-

tion, und für Kreativität bleibt wenig Raum und wenig Anerkennung.
Noch stärker kommt diese Diskrepanz bei den zukunftsnotwendigen Werthaltungen zum Ausdruck. Natürlich gibt es heute Ministerien und Dezernate, die für Umweltschutz zuständig sind, und auch der Mann auf der Straße wird sich für Umweltschutz aussprechen. Aber im konkreten Alltag sind andere Faktoren ausschlaggebend: die Abgase verändern sich nicht, es wird weiter gedüngt, der Individualverkehr wird nicht eingeschränkt, und die finanzwirtschaftliche Richtung bestimmt weiterhin die Entwicklung.
Wenn ein einzelner seine zukunftsbewußten Werthaltungen wirklich in den Alltag umsetzen will, muß er gegen den Strom schwimmen. Ein einzelner kann heute in Teilbereichen Fähigkeiten wie Kritikbewußtsein, Kooperation und Kreativität anwenden, zum Beispiel wird die Kooperation innerhalb einer sportlichen Mannschaft hoch bewertet und der Künstler oder Schriftsteller wird mit einem kreativen Schaffen Anerkennung finden. Wenn dieses Tun aber von zukunftsorientierten Werthaltungen getragen wird, muß er damit rechnen, daß er zwar vielleicht theoretisch anerkannt, im Alltag aber als unrealistischer Außenseiter angesehen und isoliert wird. Zum Beispiel hat Bauer Weber, der seit Jahren ohne Chemikalien seine Felder und Obstplantagen bestellte, sehr isoliert leben müssen. Seit einiger Zeit findet er allmählich von seinem theoretischen Ansatz her Anerkennung, aber wenn er seinen Gästen ungespritzte, schrumplige Äpfel anbietet, wird er mitleidig belächelt.
Es genügt nicht, Grundfähigkeiten wertfrei zu erlernen, sie müssen bereits im Kindesalter mit zukunftsrelevanten Einstellungen gefüllt werden. Um das zu erreichen, muß der einzelne eine Persönlichkeit sein, die selbstbewußt ist und sich gegen gesellschaftliche Tendenzen stellen kann.
Hier liegt eine wesentliche Aufgabe des Pädagogen, denn der fundamentale Aufbau der Persönlichkeit geschieht im Kindesalter.

Es kommt darauf an, das Kind zu einem unabhängigen, selbstbestimmenden Denken zu führen, aus dem heraus es die Kraft zu eigenständigen Motivationen, Bewertungen und Handlungen findet. Diese Eigenständigkeit muß aber immer aus dem sozialen Zusammenhang erwachsen, sie darf nicht dazu führen, individuelle Vorteile erringen zu wollen und eigene Machtpositionen auszunutzen.
Jede eigenständige Handlungsweise wird immer von der übergeordneten Grundeinstellung bestimmt sein müssen, sich selbst als Teil der Erdbevölkerung, aber auch als Teil der Natur zu sehen. Aus dieser Verantwortung heraus muß auch die kleinste Veränderung als bedeutsam gewertet werden. Das Bewußtsein um die leichte Zerstörbarkeit der Natur muß die Handlungsweisen des einzelnen bestimmen.
Es erscheint uns vielleicht schwer, diese Einstellungen in pädagogisches Handeln einzubringen. Wir Erwachsenen resignieren häufig, unsere Handlungen einer Idee zu unterstellen, die Mißstände in der Natur oder unter den Menschen abbauen möchte, weil wir zu viele negative Erfahrungen gemacht haben und uns auch aufgrund unserer sonstigen Erfolge mit kleinen Schritten nicht zufrieden geben. Es fällt uns schwer, unser Leben nach einer neuen Grundhaltung umzustrukturieren, weil wir bereits zu festgefahren sind.
Das Kind bringt aufgrund seiner Entwicklung von sich aus Voraussetzungen mit, die Ansatzpunkte für zukunftsorientierte Werthaltungen und deren Umsetzung in ihr Leben bieten. Es ist beweglicher und optimistischer als der Erwachsene, es ist wagemutiger und allem Neuen gegenüber offen.

Das Kind zeigt beispielsweise folgendes Verhalten:

- Es läßt sich durch Irrtümer nicht schnell entmutigen, es faßt sie nicht als Versagen und Beschämung auf, es versucht erneut ans Ziel zu kommen,
- es benötigt für sein Spielergebnis nicht unbedingt eine nützliche Verwendung, es kann deshalb druckfrei und zwanglos erproben und sich phantasievoll tragen lassen, es läßt sich von den Grenzen der Realität häufig nicht einengen,

• es hat eine enorme Freude am Lernen; Handlungen, in denen es sicher geworden ist, die ihm keinen Lernreiz mehr bieten, werden ihm gewöhnlich uninteressant. Es fühlt sich geradezu vom Wagnis des Neuen angezogen.

Es könnte deshalb bereits ein erster Schritt zu neuen Werthaltungen sein, diese im Kind vorhandenen Fähigkeiten zu unterstützen und zu stärken, anstatt wie bisher sie nach den Vorstellungen von uns Erwachsenen umzuformen.

1. Beobachtung und Reflexion

a) Beobachten Sie Kinder beim Spielen und schreiben Sie Fähigkeiten auf, die verstärkt werden sollten, damit sie dem Kind erhalten bleiben.
b) Welche Grundhaltungen können durch den Beitrag dieser Fähigkeiten aufgebaut werden?
c) Welche der beobachteten Fähigkeiten sind Ihnen verloren gegangen?

2. Analyse der Werthaltungen in der pädagogischen Praxis

a) Verfolgen Sie in Artikeln pädagogischer Zeitschriften die erzieherischen Anliegen. Klären Sie die Grundhaltungen, die Anlaß für diese pädagogischen Darstellungen geben.
Schreiben Sie die erkannten Werthaltungen auf.
b) Welche Grundhaltungen streben Sie in Ihrer pädagogischen Arbeit an?
Halten Sie diese schriftlich fest.
c) Wie werden die aufgezählten Werthaltungen von der Gesellschaft heute beeinflußt?
Durchdenken Sie diese Frage detailliert, zum Beispiel: Vorbildhaltung der Erwachsenen; auf das Kind ausstrahlende Meinungen der Erwachsenen; Medien; Werbung; bevorzugtes Spielmaterial; Schulsystem und außerschulische öffentliche Bildung und Erziehung; politische und finanzielle Förderung.

d) Welche der von Ihnen bearbeiteten Werthaltungen können als zukunftsrelevant angesehen werden? Begründen Sie Ihre Auswahl.

3. Umsetzung in praktisches Vorgehen
Wie können Sie zukunftsrelevante Werthaltungen in der pädagogischen Praxis umsetzen?
Halten Sie Ihre Erkenntnisse für eine weitere Bearbeitung in den nächsten Kapiteln schriftlich fest.

Bezug zu lebens- und naturbedingten Vorgängen

Da das Kind in seinem Verhalten zur Umwelt grundsätzlich offen ist, beobachtet es auch in der Natur alles ihm Neue und ist bereit, sich mit jeder Natursituation zunächst auseinanderzusetzen. Durch seine Erfahrungen werden seine Interessen gelenkt. Es ist deshalb anzunehmen, daß das Kind einen starken Naturbezug entwickeln kann, vorausgesetzt, daß seine naturverbundenen Erfahrungen und seine Bereitschaft für naturbezogene Auseinandersetzungen nicht mit negativem Erleben gekoppelt werden.
Wir müssen ihm deshalb zunächst Gelegenheit geben, sein Verhältnis zur Natur zu verstärken und nicht - wie es heute oft der Fall ist - durch unsere Lebensweise zu stören oder durch pädagogische Maßnahmen zum Negativen hin zu verändern.

Familie Meier fährt am Sonntag ins Grüne. Sie sind kaum aus dem Auto ausgestiegen, als eins der Kinder die Eltern zu einer aufblühenden Blume ruft, während das andere im hohen Gras bereits einen Grashüpfer und einen Marienkäfer entdeckt hat. Die Kinder stellen dazu Fragen, die die Eltern nicht alle beantworten können, aber versprechen, zu Hause nachzuschlagen. Als sie nach Stunden zum Parkplatz zurückkommen, sind sie nicht weit gelaufen, aber sie haben das Leben an einem kleinen Bach beobachtet, sie haben das Verhalten eines Spechts verfolgt, sie haben anhand des mitgebrachten Pflanzenbestimmungsbuches die Namen einiger ihnen unbekannter

Blumen und Gräser gefunden und sie haben am Waldrand Pferde in einer Koppel mit Gras gefüttert.
Auf der Heimfahrt unterhalten sie sich über ihre Eindrücke und Erlebnisse. Dabei stellen sie fest, daß der Parkplatz seit vergangenem Jahr asphaltiert worden ist und daß vor einem Jahr die Witterung ungünstiger gewesen sein muß, weil damals noch nicht so viele Blumen blühten wie jetzt.

Familie Schulze ist ebenfalls ins Grüne gefahren. Die Eltern unterhalten sich während des Spaziergangs. Die Kinder entdecken rechts und links des Weges Dinge, die sie interessieren. Sie werden aber immer wieder von den Eltern gemahnt, zügig zu gehen. Die Kinder wagen nicht, die Eltern im Gespräch zu stören und ihre Fragen anzubringen. Als die Eltern merken, daß die Kinder unruhig werden, wenden sie sich ihnen zu und unterhalten sich mit ihnen über die gestrige Sportveranstaltung. Die Kinder klagen über Müdigkeit, deshalb wird an einer Bank Rast gemacht. Die Kinder entdecken dabei einen Bach, an dem sie zu spielen beginnen. Sie werfen Steine, Blätter und Holzstücke in das Wasser und verfolgen die Wirkung. Da man aber noch ein bestimmtes Ziel (einen Trimm-dich-Pfad) erreichen möchte, müssen die Kinder ihr Spiel abbrechen.
Als sie nach Hause kommen, sind die Eltern von der geringen Begeisterung der Kinder über den Ausflug verwundert und enttäuscht.

Wir müssen dafür sorgen, daß das Kind Natur wahrnehmen und im Detail erfassen kann, so daß es auch Zusammenhänge zwischen den naturbedingten Vorgängen erkennt. Dabei muß es emotionale Beziehungen zur Natur aufbauen, von ihr berührt werden und über sie staunen können. Das Kind wird durch entsprechende Anregungen des Erwachsenen lernen weiterzudenken, um die Natur nicht als augenblickliche Gegebenheit zu sehen, sondern sie als Prozeß zu erfassen. Nur dann kann es sich in zukünftige Entwicklungen eindenken und mögliche Veränderungen abschätzen.
Dieses Verhältnis zur Natur muß in konkreten Bereichen erworben und entwickelt werden.
Das Kind sollte seinen eigenen Körper mit seinen physischen und psychischen Vorgängen erkennen und seine Bedürfnisse und Fähigkeiten steuern können.

Dazu gehört zum Beispiel, daß das Kind

• seine physischen Funktionen erfaßt und lernt, mit ihnen umzugehen (zum Beispiel den Bewegungsdrang, oder das Hungergefühl, oder das sexuelle Bedürfnis spüren, äußern, aber auch steuern können),
• sein psychisches Erleben optimal entwickelt und bewußt einsetzt, zum Beispiel Stimmungen, Gedanken, Wertungen,
• physisch-psychische Wechselprozesse empfindet, zum Beispiel psychische Verkrampfung durch Reizüberflutung oder durch Bewegungsarmut, aber auch physische Symptome durch psychische Belastungen wie Angst oder Einsamkeit.

Dieses bewußte Wahrnehmen der eigenen Person und das Steuern der Bedürfnisse und Reaktionen muß das Kind auch beim Partner akzeptieren. Es muß ihn in seiner naturhaften Wesensart erfassen, um ihm gerecht werden zu können.
Das Kind muß sich selbst und seinen Mitmenschen als Teil der Natur erkennen. Trotz unserer Möglichkeiten, uns über Naturgesetze hinwegsetzen zu können, muß das Kind die Abhängigkeit seiner Person von der Natur wahrnehmen. Während wir uns heute oft nur in extremen Notsituationen unsere Abhängigkeit von der Natur bewußt machen, muß der zukünftige Mensch sich als grundsätzlich abhängig verstehen. Nur dann erkennt er den Platz, den er in der Natur hat. Von diesem Standort her kann er sich dann in den Gesamtprozeß der Natur eingliedern.

Es wird in der Zukunft darauf ankommen, daß der Mensch nicht mehr wie bisher in die Pflanzen- und Tierwelt eingreift. Deshalb muß das Kind Verständnis für deren empfindliche Gesetzmäßigkeit entwickeln.

In diesem Zusammenhang muß das Kind zum Beispiel

• Gefühle und Bindungen zu Pflanzen und Tieren entwickeln und äußern können,
• sich Wissen über biologische Vorgänge und ökologische Regelkreise aneignen können,
• im biologischen Bereich handeln können unter Berücksichtigung von beabsichtigten und unbeabsichtigten Nebenwirkungen und dabei Initiative und Verantwortungsbewußtsein für individuelle und kooperative Handlungen zeigen.

Ebenso können wir in Zukunft nicht mehr wie bisher Luft, Wasser und Boden für unsere Zwecke ausnutzen und verändern und dadurch Eingriffe in die Landschaft vornehmen. Auch in diesem Zusammenhang muß das Kind ein anderes Verhältnis zur Natur entwickeln als wir es ihm heute vorleben. Wenn der zukünftige Erwachsene Luft, Wasser und Boden als Basis für jede Form von Leben erfaßt hat, wird er nicht mehr so leichtsinnig Veränderungen vornehmen, wie das heute geschieht, sondern die naturhaften Gegebenheiten mehr respektieren. Für eine solche Haltung muß der Grundstein in der Kindheit gelegt werden.

Lernziele des Verhältnisses zur Natur in diesem Bereich sollten deshalb sein:

- gefühlsmäßige Beziehungen zur Landschaft und ihrer Ausstrahlung gewinnen und Initiative ergreifen, um sie zu erleben,
- Beschaffenheit und Veränderungen von Luft, Wasser, Boden und Landschaft wahrnehmen und mögliche Wirkungen von Veränderungen abschätzen,
- sich mitverantwortlich fühlen für die Erhaltung von Luft, Wasser, Boden und Landschaft und für Eingriffe, die in diesen Bereichen vorgenommen werden.

Auch in chemische und physikalische Gesetzmäßigkeiten greifen wir heute ein, ohne uns mögliche Konsequenzen klarmachen zu können. Da diese Prozesse für das Kind abstrakter sind und wir sie noch weniger begreifbar machen können als die direkt sichtbare Umwelt, wird die Erziehung in diesem Bereich schwieriger und noch verantwortungsvoller. Dem Erzieher muß es trotz der geringen Anschaulichkeit gelingen, im Kind eine Haltung zu fördern, die es später wachsam und verantwortungsbewußt entscheiden und handeln läßt.

Das Kind kann in diesem Bereich bereits in Ansätzen:

- Interessen entwickeln, chemische und physikalische Gesetzmäßkeiten zu erfahren,
- Einstellungen gewinnen, Neben- und Nachwirkungen von Nutzungen chemischer und physikalischer Gegebenheiten und Prozesse zu berücksichtigen, z. B. schädliche Wirkungen durch

Waschmittel, durch Spraydosen, durch Abgase, durch künstlichen Dünger, durch Psychopharmaka; diese Haltungen werden sich später übertragen in Bereiche, in denen der einzelne in der Regel weniger direkt beteiligt ist, zum Beispiel Genmanipulation, biologische Waffen, Kernspaltung,

- Initiativen ergreifen, um für seine Ansichten und Meinungen in diesem Bereich einzutreten.

Unser heutiges Verhalten, Naturbedingungen herunterzuspielen bzw. sie zu umgehen (zum Beispiel mit Hilfe von Züchtungen, Düngungen, Medikamenten), verstellt uns den Blick für die Bedeutung naturbedingter Rhythmen. Wir erkennen kaum noch die erhaltende und regenerierende Wirkung der Wechselprozesse in der Natur. Wir überspielen zum Beispiel Tag und Nacht durch elektrisches Licht, die Jahreszeiten durch Kleidung und Raumwärme und produzieren in Gewächshäusern auch im Winter Sommerfrüchte oder erzeugen durch Düngung mehrere Ernten im Jahr, ohne den Boden ausruhen zu lassen. Wir können in den naturgegebenen Rhythmus von Geburt und Tod eingreifen und möglicherweise auch bald gezielt das Wetter beeinflussen.

Wir sollten das Kind dahin führen, daß es diese Rhythmen bewußt wahrnimmt und sich von den Stimmungen berühren läßt. Während uns auch heute die Natur stimmungsmäßig beeinflußt, haben wir häufig verlernt, mit diesen Stimmungen umzugehen, zum Beispiel mit der Depression am Regentag oder im Winter. Würde der Mensch sich stärker in den Rhythmus der Natur eingebettet fühlen, wäre für ihn dieses Bedrücktsein ein vorübergehender Moment. Er wüßte um das prozeßhafte und das gesetzmäßige Auf und Ab in der Natur. Die depressive Stimmung würde ihn deshalb nicht so belasten.

Der Mensch, der sich den naturhaften Rhythmen verbunden fühlt und ihre Bedeutung für das gesamte Leben auf der Erde erkennt, wird eine kritische Einstellung zu Eingriffen in diese Rhythmen entwickeln und daraus Handlungskonsequenzen ableiten.

Der Erzieher, der im Kind einen Bezug zur Natur und ein verantwortungsvolles Handeln aufbauen will, muß sich darüber im klaren sein, daß er den Standort, den er für das Kind anstrebt, selbst noch nicht erreicht hat. Er wird sich schwer aus dem heutigen gesellschaftlichen Denken lösen und ein eigenständiges Verhalten aufbauen können. Er kann deshalb beim Kind nur begrenzt Vorbild sein, aber er kann ihm Anregungen in der entsprechenden Richtung geben. Als grundlegendes Ziel muß ihm dabei vor Augen stehen, daß das Kind in die Verantwortung hineinwächst, als zukünftiger Erwachsener die Natur als notwendige Quelle zur Lebenserhaltung unter der Beachtung der naturgegebenen Gesetzmäßigkeiten zu nutzen.

1. Untersuchung von Jugendliteratur
Welcher Bezug zur Natur wird in der Kinder- und Jugendliteratur dargestellt?
Überprüfen Sie Ihnen bekannte Bücher.

2. Beobachtung von Kindern, Verstärkung erwünschter Verhaltensweisen
a) Beobachten Sie Kinder in bezug auf ihr Verhalten zur Natur.
b) Verstärken Sie eine Handlung eines Kindes, die in einem positiven Bezug zur Natur steht.
c) Berichten Sie, und begründen Sie diese pädagogische Maßnahme: in der Gruppe, mit der Sie dieses Buch bearbeiten oder einer Person aus Ihrem Bekanntenkreis.

3. Übertragung von naturbezogenen Zielen in die pädagogogische Arbeit
a) Konkretisieren Sie Ihre persönliche Einstellung zur Natur. Vergleichen Sie diese Einstellung mit Ihrem tatsächlichen Verhalten. Überlegen Sie, wie Sie mit Ihrer Einstellung und Ihrem Verhalten auf Kinder wirken.

b) Suchen Sie nach Möglichkeiten, wie Sie Kindern Anregungen zum Aufbau einer angemessenen Einstellung zur Natur geben können. Gehen Sie dabei weitmöglichst von einzelnen Situationen Ihres tatsächlichen Lebens aus, zum Beispiel als Erzieher im Kindergarten, als Elternteil, als Schüler, als Lehrer.

8 Methodische Möglichkeiten

Zukunftsorientierte pädagogische Ziele aufzustellen und sie in Verhaltensweisen zu konkretisieren, fällt dem Pädagogen der heutigen Gesellschaft äußerst schwer, da er in den geltenden Werten und Normen befangen ist. Der Leser wird beim Überdenken des letzten Abschnitts mit Sicherheit einige Aussagen in Frage gestellt haben und aus seiner Sicht andere Schwerpunkte setzen. Trotzdem wird er nachvollziehen können, daß ein theoretisches Konzept aufgestellt werden muß und gedanklich auch entwickelt werden kann. Selbstverständlich wird ein derartiges Konzept äußerst offen und variierbar sein müssen, weil durch jeden Schritt in der zukünftigen Entwicklung neue Perspektiven eröffnet werden.
Noch schwieriger als die Auseinandersetzung mit pädagogischen Zielen erscheint die Suche nach geeigneten Methoden. Von der pädagogischen Basis sind wenig Beiträge möglich. Der Praktiker wird häufig von der Vielzahl der Alltagsprobleme so in Anspruch genommen, daß er die Hintergründe der wachsenden Problemsituationen (zum Beispiel Verhaltensstörungen als Auswirkung der gesellschaftlichen Lebensweise) kaum erfragen kann. Er kann sich von diesen Alltagsproblemen als Symptome des gesellschaftlichen Lebens auch nicht lösen, da er die Verantwortung für das Handeln der Kinder in jeder einzelnen Minute trägt und damit so belastet ist, daß er keinen Abstand gewinnen kann.

Der Erzieher wird zum Beispiel zunächst dafür zu sorgen haben, daß Peter in seiner aggressiven Stimmung nicht mit Bauklötzen um sich wirft. Er wird die Motive und Hintergründe kaum beleuchten können, weil er zugleich sein Augenmerk auf Inge lenken muß, die den Führungsanspruch in einer Kleingruppe nicht aufgeben will. Gleichzeitig muß er der Erwartung der Eltern Rechnung tragen, den Kindern Lernangebote zu geben. Dazu kommt der eigene pädagogische Anspruch des Erziehers, den er für sich aus der gesellschaftlichen Erwartungshaltung ableitet, wobei er durch persönliche Zielvorstellungen Akzente setzt.
Er wird auch, nachdem die Kinder nach Hause gegangen sind, kaum noch über das Problem mit Peter nachdenken können, weil er von der Vielzahl der Probleme erschöpft ist. Er wird vielleicht planen können, weil er morgen Peter begegnen wird, dabei weiß er aber, daß er nur Stückwerk leistet, weil er eigentlich Hintergründe erfassen und bearbeiten müßte, anstatt Symptome abzubauen.

Der Erzieher setzt vielfach den einzelnen Alltagsproblemen nur einen Flicken auf, er verbessert die Situation als solche nicht. Oft erkennt er das gesellschaftliche Zusammenleben und die dahinter stehenden Werte als tieferliegende Ursache für die Alltagsprobleme nicht. Das liegt nicht nur an der starken Belastung bei der beruflichen Arbeit, sondern vor allem daran, daß er sich zuerst selbst vom gesellschaftlichen Wertsystem lösen müßte, denn er kann nur, wenn er Abstand gewonnen hat, die Wirkung der gesellschaftlichen Werte erkennen. Solange er nicht den Hintergrund erfaßt, kann er auch keine Methoden entwickeln, die dem Kind Grundlagen geben, später gezielt gesellschaftsverändernd handeln zu können. Der Erzieher bleibt deshalb in der Regel bei seinen erworbenen bisherigen Methoden, empfindet dabei aber oft ein Unbehagen. Daraus läßt sich die heute oft anzutreffende Resignation bei Erziehern ableiten. Aus dieser Resignation kann sich der Erzieher allein schwer heraushelfen. Er braucht Hilfe, die ihm bereits die Ausbildung und ergänzend die Fortbildung, aber auch Teamgespräche bieten müßten. Er benötigt zumindest Gesprächspartner als Hilfe bei der Reflexion.

In der pädagogischen Auseinandersetzung mit Peter spürt der Erzieher, daß Peters Verhalten durch die Umwelteinflüsse entstanden ist. Er erkennt durch seine Beobachtung vielleicht, daß Peter emotionale Zuwendung und Sicherheit braucht, aber materielle Güter (Süßigkeiten, Spielzeug, Geld) erhält. Die Zuwendung, die Peter erlebt, birgt wenig Emotionen, sondern wird aus rationalen Gründen gegeben. Deshalb kann sie von Peter auch nur rational aufgenommen werden. Diese Erfahrungen, die Peter aber nicht bewußt erlebt, sind bei ihm wesentlicher Anlaß für seine Aggressivität. Wenn der Erzieher diese Zusammenhänge reflektiert, empfindet er sich selbst machtlos und resigniert in dem Bemühen, Peters Situation zu verändern. Er sieht zunächst die Schuld bei den Eltern, die er mit seinen Methoden kaum erreichen kann. Daß auch die Eltern von den gesellschaftlichen Werten bestimmt werden und deshalb der Hintergrund weit umfassender ist, erkennt der Erzieher oft zu wenig. Könnte er diese Zusammenhänge durchschauen, wäre sein Unbehagen sicher noch vorhanden, aber nicht mehr so diffus und deshalb leichter bearbeitbar.

Er würde dann vielleicht erkennen, daß er Methoden entwickeln muß, die Peter zu Fähigkeiten führen, mit denen er später selbst das aufbauen kann, was er in der Kindheit zu wenig erfahren hat. Solche Fähigkeiten wären beispielsweise, eine Gemeinschaft zu suchen bzw. zu gründen, in der er soziale Sicherheit erlebt, sich nicht mehr primär von materiellen Werten bestimmen zu lassen, sondern seine emotionalen Bedürfnisse wahrzunehmen und zu steuern.

In dieser Aufgabe könnte der Erzieher Hoffnung schöpfen. Die Tatsache, nicht mehr die Machtlosigkeit vor der gegenwärtigen Situation Peters im Mittelpunkt zu sehen, sondern mit ihm und für ihn neue Grunderlebnisse für seine Zukunft zu schaffen, wird dem Erzieher helfen, neue Wege zu finden.

Das kann der Erzieher aber nicht allein. Er braucht Unterstützung. Die Ausbildung müßte ihm bereits die Grundlagen gegeben haben, daß er Peters Probleme nicht mit Methoden bearbeiten kann, die nur die Symptome verändern, sondern mit Methoden, die so offen sind, daß sie in Peter Fähigkeiten fördern, die in der gegenwärtigen Situation nicht vorgelebt werden. Team und Fortbildung müßten dem Erzieher in diesem Bemühen ständige Unterstützung geben.

Das Problem ist, daß die Forschung zwar Gedanken zu Verhaltensänderungen des einzelnen anbieten kann, sich bisher aber kaum mit gesellschaftsverändernden und noch weniger mit zukunftsorientierten Methoden befaßt hat. Sie kann auch dem Erzieher bisher nicht ausreichend Hilfe geben, sich selbst in der erforderlichen Weise zu verändern, damit er durch seine Person und sein Vorbild pädagogisch auf die Kinder wirken könnte. Deshalb müßte die Pädagogik Methoden herauskristallisieren, ggf. entwickeln, die zukunftsorientierten Zielen angemessen sind.

Die Tatsache, daß die zukunftsorientierte Diskussion in das methodische Konzept der Pädagogik noch kaum Eingang gefunden hat, mag verschiedene Gründe haben. Dazu zählt zum Beispiel, daß Methoden in der Regel aus eigenen Erfahrungen wachsen. Eigene Erfahrungen liegen aber noch nicht vor, denn wir, die erziehende Generation, sind durch materielle Einstellungen geprägt und wurden nicht geschult, zukunftsorientiert und kreativ zu denken. Eine weitere Schwierigkeit mag darin liegen, daß pädagogische Methoden empirisch erprobt werden müssen, denn schlußfolgerndes Übertragen von theoretischen Vorstellungen auf die pädagogische Praxis ist nicht ohne weiteres möglich. Das liegt daran, daß der gezielte Einfluß des Pädagogen nicht isoliert auf das Kind wirkt und die zahlreichen weiteren Einflüsse nicht genügend abgegrenzt und kontrolliert werden können.

Die Erforschung von Methoden wird deshalb durch die Vielschichtigkeit der Situation und der weiteren Entwicklung sowie durch die geringe Durchschaubarkeit erheblich erschwert. Dazu kommt, daß sie sich durch den »Vorgriff ins Morgen« über gegenwärtige gesellschaftliche Ordnungen und Werte hinwegsetzen muß. In dieser Hinsicht hat es beispielsweise die technische Zukunftsforschung leichter, weil sie an dem heutigen Unbehagen deutlicher ansetzen und vor allem auf die gegenwärtigen Werte aufbauen kann. Die Gesellschaft unterstützt zum Beispiel Forschungen, die ein Sparen an Öl ermöglichen und alternative Energiequellen entwickeln, weil das Ölsparen aufgrund der Teuerung des Öls ins heutige gesellschaftliche System paßt.

Das Entwickeln pädagogisch-methodischer Gedanken kann deshalb nur in kleinsten Schritten vorgenommen werden,

wobei eine ständige Reflexion und Rückkoppelung erforderlich ist.
Der hier vorliegende Versuch, methodische Ansätze darzustellen, kann nur als ein Beitrag aufgefaßt werden, Denkprozesse beim Leser einzuleiten. Die folgenden Darstellungen sollen die dringend erforderliche Diskussion - insbesondere bei Erziehern vor Ort - anregen. Wenn der einzelne Erzieher seinen pädagogischen Alltag überdenkt, kritisch gegenüber seinen Methoden wird und wenn er kreativ ist, wird er weitere Ansätze für seine spezielle pädagogische Situation finden. In der Kooperation mit seinen Mitarbeitern werden seine pädagogischen Bemühungen reflektiert werden können, so daß subjektive Blickfelder verringert werden.
Der Erzieher wird das neu erworbene Verständnis seiner Arbeit und die daraus gewonnenen Erfahrungen auch nach außen tragen, wenn er voll hinter seinen Überzeugungen steht. Er wird andere Erzieher beeinflussen, er wird auf sein gesellschaftliches Umfeld wirken, und er wird letztlich auch der wissenschaftlichen Forschung Anstöße geben.

Reflexion mit Hilfe von Beispielen aus der eigenen Erfahrung:

- Suchen Sie Beispiele aus Ihrem Umgang mit Kindern, in denen einseitige Umwelteinflüsse und mangelhafte Erfahrungen des Kindes Sie vor pädagogische Probleme stellten.
- Hinterfragen Sie, inwiefern Sie in diesen Situationen von der direkten Lösung des Problems so beansprucht waren, daß Sie tieferliegende und weitergesteckte pädagogische Ziele nicht verfolgen konnten.
- Denken Sie darüber nach, welche Fähigkeiten Sie bei den betreffenden Kindern schulen müßten, um sie zukunftsrelevanter handlungsfähig zu machen.
- Könnten Sie sich ein methodisches Vorgehen zum Erreichen dieser Ziele vorstellen?

Die Grundhaltung des Erziehers ist Voraussetzung für eine wirkungsvolle pädagogische Handlung. Denkrichtungen und Verhaltensweisen, die der Erzieher anstreben will, muß er selbst verinnerlicht haben.
Durch seine Ausstrahlung hat er die stärkste Überzeugungskraft und ohne Verinnerlichung würde er mit seinen pädagogischen Maßnahmen unglaubwürdig und unecht erscheinen. Er kann nur dann konsequent bleiben, wenn sein pädagogisches Vorgehen einer echten Grundhaltung entspringt.
Eine Grundhaltung, die einer zukunftsorientierten Erziehung entspricht, setzt das Erkennen der Fragwürdigkeit unserer heutigen Situation voraus. Wenn der Erzieher seine Lebensumwelt bewußt wahrnehmen und analysieren kann, wenn er Zusammenhänge zu erkennen versucht, wird er offen werden für diese Fragwürdigkeit. Er muß auch bereit sein, sich notwendiges Wissen anzueignen, um Verflechtungen in den jeweiligen Situationen und deren Hintergründe zu erfassen. Er braucht aber dabei keine Sorge zu haben, daß er den wissensmäßigen Anforderungen nicht gewachsen sein könnte, wenn er keine breiten und detaillierten Vorkenntnisse über technische und ökologische Wissensbereiche und gesellschaftliche Theorien hat. Für den Aufbau einer entsprechenden Grundhaltung und damit der pädagogischen Ausstrahlungskraft sind andere Voraussetzungen ausschlaggebender. Dazu gehören vor allem geistige Flexibilität, die Fähigkeit zu hinterfragen, aber auch Originalität und couragierte Initiative. Mit diesen Fähigkeiten ist es ihm möglich, eingefahrene Einstellungen und herkömmliche Denkwege zu bewerten und aufzugeben, wenn er das aufgrund seiner geistigen Auseinandersetzung als notwendige Konsequenz erkennt. Aus seiner Initiativbereitschaft werden sich dann neue Handlungsrichtungen ergeben.

Eine Einstellung, die sich nicht in Handlungen äußert, hat nur einen geringen Einfluß. Deshalb kommt es als Ausdruck der

Grundhaltung auf die Handlungsfähigkeit des Erziehers an. Diese Handlungsfähigkeit äußert sich ständig im Alltag, zum Beispiel in der Vorbildhaltung, in der pädagogischen Planung, im Verbrauch von Materialien, in der Stellungnahme zum Verhalten der Kinder und Jugendlichen. Der Erzieher muß sich aber immer bewußt machen, daß seine Gedanken und eingeschlagenen Wege Ansatzmöglichkeiten sind. Seine Versuche sollen ihm Hoffnung, können ihm aber keine Sicherheit bieten, optimale Lösungen für die Bewältigung der Probleme zu sein. Deshalb bedürfen seine eingeschlagenen Wege einer ständigen Reflexion und Überprüfung.
Die Veränderung seiner Grundhaltung wird den Erzieher auch veranlassen, seine bisherigen Erziehungsziele in Frage zu stellen. Er wird beispielsweise erkennen, wie notwendig es ist, Bedürfnisaufschub zu erlernen und nicht alle Bedürfnisse befriedigen zu wollen und zu können. In seiner Arbeit wird der Erzieher andere Schwerpunkte setzen, beispielsweise wird die Hilfe bei sozialen Konfliktlösungen eine zentralere Stellung einnehmen, und die Hinführung zu einem positiven Naturbezug wird für ihn wichtiger werden.
Trotz aller Offenheit für Zukunftsproblematik wird der Erzieher sich aber immer im Klaren darüber sein müssen, daß er nur am Anfang steht, daß er befangen ist in gesellschaftlichen Strukturen und Wertvorstellungen, in denen er aufwuchs, daß er Denk- und Handlungswege, die das Kind eines Tages zu gehen haben wird, heute noch nicht überschauen kann. Seine Vorbildwirkung kann deshalb nicht darin liegen, daß er dem Kind zukunftsrelevante Lebensformen vorlebt, sondern sie muß in der Offenheit und der Suche nach alternativen Wegen bestehen. Sein Ziel ist es somit nicht, daß das Kind ihm folgt, sondern daß es über seine Anstöße hinaus eigene Wege sucht und begehen lernt. Das bedeutet, daß Erzieher und Kind miteinander lernen müssen. Entgegen häufiger Meinungen wird hierbei der Erzieher sogar oft vom Kind lernen können, da er zunächst ablegen muß, was sich in ihm bereits gefestigt hat, während das Kind spontaner und

unbefangener an eine Situation herangehen kann. Erzieher und Kind müssen empfinden, daß sie im gleichen Lernablauf stehen und daß ihre Fortschritte auch aus dem Wechselprozeß entspringen, in dem jeder vom anderen lernt.

Der Erzieher hat beispielsweise erkannt, daß Peters Fehlverhalten in einem ursächlichen Zusammenhang mit den Einstellungen und dem Verhalten der Eltern in Beziehung steht. Er sieht in deren Grundhaltung, ihrer Lebensweise und dem Erziehungsvorgehen die Vorrangigkeit der rationalen und der materiellen Momente. Daß seine eigene Grundhaltung ebenfalls von dieser Denkrichtung geprägt ist, fällt ihm wenig auf. Sie äußert sich zum Beispiel darin, daß er die leicht meßbaren und sichtbaren Fähigkeiten im kognitiven und motorischen Bereich fördert und wertet. Emotionale und soziale Erlebnisse des Kindes bemerkt er seltener, deshalb steuert er die in der Gruppe diesbezüglich ablaufenden Prozesse nur geringfügig und kann sie noch weniger initiieren. Konkret kann das so aussehen, daß er Peter dazu auffordert, etwas zu basteln, das später im Raum aufgehängt und den Eltern gezeigt wird, daß Peters Denkprozesse bei Zuordnungsspielen gelobt werden und Peter für sein geschicktes Bauen Anerkennung findet. Wenn Peter es geschafft hat, sich kooperativ in ein Gruppenspiel einzubringen, erfährt er vom Erzieher selten ein Lob. Wenn Peter längere Zeit am Fenster steht und mitvollzieht, wie die Vögel sich gegenseitig locken und Nahrung suchen, werden die Bedeutung dieser Beobachtung und die begleitenden Gefühle vom Erzieher nicht bemerkt.
Nur wenn der Erzieher die Ruhe hat, selbst aus dem Ablauf meßbarer Leistungen herauszutreten und seine Gefühle bewußt wahrzunehmen und zu registrieren, kann er die Bedeutung der Gefühle für die Lebensgestaltung ermessen. Er muß sich beispielsweise selbst von kleinen Naturgegebenheiten berühren lassen können. Erst dann kann er Gefühle in das aktive Geschehen umsetzen. Er wird jetzt Peters Erleben beim Beobachten nachvollziehen und durch sein geäußertes Mitempfinden verstärken können. Dabei wird ihm bewußt sein, daß er selbst von den gesellschaftlichen Zwängen geprägt ist, Peter dagegen offener ist und Situationen noch intensiver erleben kann.
Im Gespräch mit den Eltern wird er einbringen können, daß Peter gefühlsmäßig intensiv angesprochen war und im Anschluß daran seinen beglückenden Gefühlen im Malen Ausdruck gab. Er kann damit die Eltern auf die Bedeutung dieser Gefühle aufmerksam machen, so daß sie diese Erfahrungsdimension im Leben ihres

Kindes wahrnehmen und vielleicht so gar ihre eigenen Gefühle und damit ihre Handlungsweisen verändern.

Der Erzieher muß starken Optimismus und Durchhaltekraft besitzen, damit er nicht zu schnell aufgibt und das Kind zurückwirft in die Resignation. Wenn er es schafft, in seiner Einstellung durchzuhalten, wird es ihm möglicherweise gelingen, über das Kind andere Gruppen zu erreichen. Seine praktizierte Grundhaltung wird dadurch zum Mittel, gegenwärtige gesellschaftliche Situationen - wenn auch nur in kleinen Teilbereichen - zu beeinflussen.

1. Rollenspiel
Vergegenwärtigen Sie sich die im Textbeispiel beschriebene Situation (Peter beobachtet Vögel). Spielen Sie im Rollenspiel das anschließende Gespräch mit den Eltern, in dem Sie ihnen das emotionale Erleben ihres Kindes in der Gruppe bewußt machen. Nach welchen Gesichtspunkten gestalten Sie das Gespräch und welche unterschiedlichen Reaktionsmöglichkeiten sehen Sie für die Eltern?

2. Bewußtmachung der eigenen Grundhaltung
a) Konkretisieren Sie Ihren Bezug zur Natur. Überlegen Sie, wie Sie aus ihrer Grundhaltung heraus auf das Kind wirken.
b) Übertragen Sie diese Konkretisierung auf ein Beispiel aus einem anderen Bereich, den Sie für eine zukunftsorientierte Erziehung für wichtig halten.

3. Einschätzung der eigenen pädagogischen Wirkung
a) Welchen Stellenwert nahm die Vorbildwirkung in Ihrer Bearbeitung der Aufgabe 3 auf Seite 125 ein?
Wie stehen Sie jetzt zu dieser Einschätzung?
b) Suchen Sie an konkreten Beispielen Grenzen Ihrer Vorbildwirkung.

Der demokratische Erziehungsstil wird in der Pädagogik als die Erziehungsform angesehen, in der das Kind lernt, eigene Entscheidungen zu bestimmen und dabei die Wünsche und Bedürfnisse des Partners zu berücksichtigen. Bei diesem pädagogischen Vorgehen erhält das Kind nicht einen völligen Freiraum, sondern es muß seine Handlungen immer in einen sozialen Zusammenhang stellen. Dabei kann es auch lernen, Verantwortung zu übernehmen, weil es einerseits Entscheidungen zu tragen hat, andererseits ihm auch die Grenzen aufgezeigt und die Konsequenzen seiner Handlungsweisen bewußt gemacht werden.
Die Freiheit, die der Erzieher innerhalb des demokratischen Erziehungsstils gibt, wird von seinen Grundhaltungen abhängen. So wird er durch den Rahmen, den er dem Kind steckt, seinen Führungsanspruch verwirklichen und das Kind zu bestimmten von ihm als erstrebenswert angesehenen Grundhaltungen und Verhaltensäußerungen führen.
Der Erzieher muß sich bewußt machen, daß der demokratische Erziehungsstil in zwei Ebenen auf das Kind wirkt. Seine erzieherischen Grenzen betreffen einerseits die partnerschaftlichen Beziehungen, andererseits die inhaltlichen Richtungen. Beispielsweise wird der Erzieher eingreifen, wenn ein Kind einen leistungsschwächeren Partner grundsätzlich aus dem Spiel ausschließt und Außenseiter nicht integriert. Er wird aber auch Grenzen setzen, wenn Handlungen des Kindes seiner Ansicht nach inhaltlich nicht zu verantworten sind. Beispielsweise halten es manche Erzieher für fragwürdig, wenn Kinder Krieg spielen und Partner im Spiel erschießen, und schränken dieses Spiel deshalb ein.
Auch aus der Sicht des Kindes ist ein Rahmen angebracht. Das Kind benötigt Grenzen, damit es sich aufgefangen weiß, wenn es sich von seinen Bedürfnissen zu weit tragen läßt oder von der Vielzahl der Situationen erdrückt wird. Beispielsweise wäre ein Kind überfordert, seine Speisen völlig allein auszu-

wählen, weil die Gefahr besteht, daß es dabei die Partner nicht berücksichtigen würde. Es könnte sich auch in der Gruppe ohne fremde Unterstützung nicht durchsetzen, weil es sich durch die Macht der anderen nicht entfalten könnte oder selbst Machtpositionen anstreben würde, mit denen es andere unterdrückt.

Die Handlungsbeschränkungen, aber auch die positiven Verstärkungen müssen dem Kind, soweit es sie verstehen kann, durch den Erzieher begründet werden. Die zunehmenden Fähigkeiten und das Verständnis des Kindes müssen dabei berücksichtigt werden. Das erfordert vom Erzieher, daß er das Kind intensiv beobachtet, die eingetretenen Veränderungen erkennt und in das gemeinsame Handeln einbezieht.

Wenn der Erzieher eine Grundhaltung erworben hat, in der zukunftsorientiertes Denken und zukunftsrelevantes Handeln einen breiten Rahmen einnehmen, werden die Richtungen seiner Lenkung innerhalb des demokratischen Erziehungsstils davon geprägt sein.

Eine Kindergruppe bastelt mit gesammeltem Wegwerfmaterial. Eines der Kinder dominiert, es bestimmt, was getan werden soll und ordnet die anderen Kinder diesen Vorstellungen unter. Hier wird der Erzieher eingreifen und dem Kind verdeutlichen, daß dieses Verhalten die Entscheidungsfähigkeit und die Selbständigkeit der anderen unterdrückt. Er wird – wenn es seiner Grundhaltung entspricht – auch dann eingreifen, wenn die Kinder beispielsweise mit dem Material verschwenderisch umgehen. Er wird dabei den Kindern bewußt machen, daß es grundsätzlich um sparsamen Umgang mit Material geht und nicht nur dann, wenn das Material mit Geld bezahlt wurde oder nur wenig Material vorhanden ist.

In der Theorie ist ein solches Erziehungskonzept einsichtig. Die Umsetzung in die Praxis bringt aber aufgrund der Vielschichtigkeit innerhalb des pädagogischen Handelns große Schwierigkeiten. Diese Schwierigkeiten ergeben sich einerseits aus der Tatsache, daß das Kind zunächst am Beginn der Lernprozesse demokratischer Handlungsfähigkeit steht und noch nicht die notwendigen Grundhaltungen hat, andererseits aus Konflikten, die sich für den Erzieher in den Alltagssituationen ergeben.

Der Lernprozeß, den das Kind zu durchlaufen hat, um demokratisch denken und handeln zu können, wird durch die Natur des Kindes bzw. seine Entwicklung erschwert.
Hierzu zählen beispielsweise:
- der individuelle Entwicklungsstand, der häufig noch keine demokratischen Entscheidungen zuläßt,
z. B. das Zurückstellenkönnen eigener Bedürfnisse insbesondere beim kleineren Kind oder das Akzeptierenkönnen anderer Sichtweisen einer Situation beim pubertierenden Jugendlichen,
- die starke Abhängigkeit des Kindes von seinen eigenen Bedürfnissen,
z. B. wenn für eine demokratische Konfliktlösung das Abbrechen eines Rollenspiels erforderlich erscheint, dieses Spiel dem Kind aber ein intensives Befriedigungserlebnis bringt,
- die Beeinflussung von Einstellungen und Handlungen durch situationsbedingte Gefühle,
z. B. die Aggression gegen den Partner, so daß Empathie nicht aufkommen kann, die aber für eine demokratische Entscheidung erforderlich ist.

Aus der Sicht des Erziehers ergeben sich weitere Einschränkungen für demokratische Denk- und Handlungsstrukturen, beispielsweise:
- Der oben genannte Führungsanspruch bringt es mit sich, daß der Erzieher seine auf bestimmte Grundhaltungen aufgebauten Erziehungsvorstellungen und pädagogischen Notwendigkeiten durchzusetzen versucht. Das bedeutet, daß er in jeder individuellen Handlungssituation die Entscheidung zu treffen hat, wie weit er von diesem Führungsanspruch zurücktreten kann.
Z. B. hält er den Naturbezug des Kindes für erforderlich und erwartet, daß das Kind eigene Bedürfnisse gegenüber diesem

Anspruch zurückzustellen lernt. Er motiviert zum Beispiel das Kind, für den gefundenen Vogel Futter zu beschaffen, obwohl das Kind in diesem Moment andere Bedürfnisse nicht zurückstellen möchte.

- Der pädagogische Alltag läßt nicht immer demokratische Entscheidungen zu, weil sie unter anderem sprachliche Erörterungen benötigen, aber schnelles Handeln erforderlich ist.

Z. B.: Eine einmal aufgestellte Regel wird nicht eingehalten, wie das Aufräumen oder die Begrenzung der spielenden Kinder in der Puppenecke – ein längeres Gespräch entspräche nicht der Situation.

- Durch seine Grundhaltungen ist der Erzieher häufig in bestimmten Denk- und Handlungsrichtungen so stark festgelegt, daß alternative Möglichkeiten für ihn nicht erkennbar werden. Wenn er nur einen einzigen Weg sieht, kann er auch keine demokratischen Denkprozesse einleiten, da demokratische Entscheidungen mehrere Möglichkeiten voraussetzen.

Z. B.: Wenn es für ihn selbstverständlich ist, daß zu Weihnachten etwas geschenkt wird, kann er das Schenken auch nicht in Frage stellen.

- Da der Erzieher demokratisch sein und den Kindern Entscheidungen zubilligen will, aber eben häufig in der Grundeinstellung festgelegt ist, ergibt sich der Entscheidungsspielraum nur innerhalb der festgelegten Rahmenbedingung. Der Erzieher ist dabei überzeugt, genügend demokratisch zu handeln, unterliegt aber einer Täuschung.

Z. B.: Er teilt den Kindern mit, daß ein Ausflug gemacht wird und läßt die Kinder zwischen 3 genannten Zielen auswählen, das Programm als solches, nämlich der Ausflug, wurde von ihm bestimmt. Die Kinder können über die Frage, ob überhaupt ein Ausflug stattfinden soll, nicht entscheiden.

Der Anspruch an ein demokratisches Erzieherverhalten ist ungewöhnlich hoch. Das liegt daran, daß die Theorie von Grundstrukturen ausgehen muß, aber die vielfältige Kom-

plexität der einzelnen pädagogischen Alltagssituation nicht erfassen und nicht umreißen kann. Jede Entscheidung im pädagogischen Prozeß ist in ihrer Art einmalig und muß vom Erzieher jedes Mal individuell von der Grundstruktur abgeleitet werden. Das bedeutet für den Pädagogen eine enorme Belastung in Form von immer wieder notwendigen Entscheidungen bis in kleinste Details. Dabei wird sein Handeln nicht immer erfolgreich sein, weil das Kind im Lernprozeß steht und seine Reaktionen nicht voraussehbar sind. Die damit verbundenen Frustrationen für den Erzieher sind eine zusätzliche Belastung. Trotzdem darf er nicht resignieren, sondern muß sein Handeln immer nach dem theoretischen Anspruch richten.
Die Diskrepanz zwischen seiner Zielsetzung und deren konkreter Realisierbarkeit bewirkt häufig, daß er den hohen Anforderungen ausweicht und sein demokratisches Verhalten nur auf äußere Formen beschränkt.
Beispiel: Der Erzieher läßt abstimmen, wohin der Spaziergang führen soll. Er richtet sich nach der Mehrheit, versteht aber nicht, daß einige Kinder in der Minderheit nicht erkennen, warum ihr Wunsch nicht erfüllt wird, und sie sich fremdbestimmt fühlen.
Der Erzieher bemerkt zuweilen nicht, daß er demokratische Formen wählt, hinter denen keine demokratische Grundhaltung steht. Er kleidet zum Beispiel seine Befehle in freundliche Sätze (statt »Holt eure Stifte« sagt er »Wollt ihr bitte eure Stifte holen«), oder er begründet seine Anordnungen, die aber letztlich Anordnungen bleiben.
Mit diesem Verhalten befriedigt der Erzieher sein Anliegen, demokratisch vorzugehen, nimmt aber nicht wahr, daß er dem tieferliegenden demokratischen Anspruch nicht gerecht wird. Er muß deshalb kontinuierlich darüber reflektieren, ob er in sein konkretes Handeln das Wesensmäßige des demokratischen Erzieherverhaltens einbringt.
Echt demokratisches Vorgehen verlangt deshalb, daß der Erzieher selbst demokratisch denkt und handelt, daß er selbst

in seinem Lebensbereich außerhalb der pädagogischen Arbeit Mitverantwortung für Entscheidungen trägt und Initiative für eigene und gemeinschaftliche Handlungen entwickelt. Nur aus dieser Grundeinstellung heraus kann er den komplexen Anforderungen demokratischen Erzieherverhaltens gerecht werden.

Wenn er in seinem Alltag gelernt hat, Fremdbestimmungen zu begegnen, kann er in der pädagogischen Beziehung dem Kind mehr Raum lassen und von seiner Führungsposition zurücktreten.

Da aber der Pädagoge gerade aus der Führungsaufgabe und der damit verbundenen Verantwortung seine berufliche Befriedigung empfängt, verlangt ein echter demokratischer Erziehungsstil von vielen Berufserziehern ein neues Berufsverständnis und von den meisten Eltern eine grundlegend andere Position, die nur auf einer optimistischen Haltung gegenüber der Verantwortungsfähigkeit des Kindes beruhen kann.

Darüber hinaus darf nicht vergessen werden, daß jede Handlung eingebettet ist in ein gesellschaftliches System, und daß gesellschaftliche Mechanismen jede Entscheidung mitbeeinflussen. Zum Beispiel wird eine pädagogische Reform gebremst durch die gesellschaftlichen Gegenströme, oder das Kind wird beeinflußt durch Medien und gesellschaftliche Sanktionen wie Leistungsbemessungen. Der Pädagoge muß deshalb bei seinem Verhalten diese Einflüsse einbeziehen und Wechselbeziehungen zwischen dem einzelnen und der Gesellschaft erkennen. Er wird deshalb immer nur schrittweise vorankommen können.

1. Hinterfragung des Erziehungsstils in der erlebten Umwelt

Beobachten Sie eine Person in Ihrer Umwelt, die eine Führungsposition inne hat (z. B. Eltern, ältere Geschwister, Gruppenführer, Klassensprecher, Lehrer).

Notieren Sie die wahrgenommenen Anordnungen und

besprechen Sie hinterher mit der betroffenen Person die Formen und gegebenen Begründungen dieser Anordnungen.
Versuchen Sie klarzustellen, welche Grundhaltungen hinter den Anordnungen standen.

2. Übertragung auf Kommunikation
Überlegen und konkretisieren Sie, wie Kommunikationsformen aussehen könnten und müßten, wenn sie einer demokratischen Einstellung entspringen.

3. Sammeln von Beispielen demokratischen und nichtdemokratischen Verhaltens in der Gesellschaft
Suchen Sie Beispiele, in denen in unserer Gesellschaft Macht sich bestimmend auswirkt, und sammeln Sie Beispiele, in denen der einzelne seine Möglichkeit demokratischer Mitsprache und Mitentscheidung nicht nutzt.

Situationsorientiertes Vorgehen

Auf der Basis des situationsorientierten Vorgehens wurde von der Arbeitsgruppe Vorschulerziehung des Deutschen Jugendinstituts in München ein Curriculum für Kindergärten entwickelt (München 1973). Die gezielte und planmäßige pädagogische Arbeit setzt hierbei an den Lebenssituationen des Kindes bzw. der Kindergruppe an, die aber immer in einem sozialen Zusammenhang gesehen und bearbeitet werden sollen. Aus diesem Grund erhielt der curriculare Ansatz den Namen »Curriculum Soziales Lernen«. Diese Art gezielten Vorgehens dürfte gute Grundlagen für eine zukunftsorientierte Pädagogik bieten und müßte sich auch auf andere pädagogische Einrichtungen (schulische und außerschulische) sowie in Grundzügen auch auf die Familie übertragen lassen.
Ziel dieses Ansatzes ist es, den Jugendlichen – mit dem hier auch das Kind gemeint ist – weitmöglichst aus seiner Rolle des Abhängigen zu heben und ihn in seinen Lebenssituationen zu

einer optimalen selbstbestimmten Handlungsfähigkeit (Autonomie) zu führen, wobei diese Selbstbestimmung immer nur im sozialen Kontext gesehen werden darf. Diese selbstbestimmte Handlungsfähigkeit setzt eine kritische Wahrnehmung der eigenen Person und der Umwelt voraus und erfordert darüber hinaus eine Loslösung von Tradition und herkömmlichen Wegen.

Die Umsetzung dieses curricularen Ansatzes verlangt vom Jugendlichen unter anderem folgendes Vorgehen:
(1) Der Jugendliche muß seine Lebensituation bewußt wahrnehmen, in Zusammenhängen erkennen, Wirkungen dieser Gegebenheiten auf die eigene Person sowie auf die anderen Gruppenmitglieder abschätzen und er muß die Situation bewerten.

Der Jugendliche muß zum Beispiel erkennen, daß Juan nicht in die Gruppe integriert ist, von vielen isoliert wird und deshalb nicht glücklich ist. Die Gruppenkameraden sagen zum Beispiel, daß Juan stinkt. Das mag stimmen, weil Juan andere Eßgewohnheiten hat. Es mag aber auch möglich sein, daß die Jugendlichen die Ablehnung mit dem Geruch begründen, weil sie aufgrund ihrer Vorurteile gegenüber Ausländern ein emotionsfreies Zugehen auf Juan nicht schaffen. Der Jugendliche muß deshalb die Hintergründe der Ablehnung erforschen. Er muß die genannten äußeren Bewertungen hinterfragen. Möglicherweise wird er nämlich nur deshalb den Geruch so unangenehm wahrnehmen, weil er zu Juan als Ausländer keine echten Beziehungen aufbauen kann und er es aufgrund der Einstellung in seiner Umwelt zu Ausländern auch nicht darf.

Der Jugendliche erlebt, daß die älteren Menschen in der Nachbarschaft über den Lärm der Jugendlichen verärgert sind und deshalb häufig schimpfen, was wiederum die Jugendlichen verärgert, so daß beide Seiten zunehmend verhärtet aufeinander reagieren.
Bei der Hinterfragung dieses Konflikts wird der Jugendliche feststellen, daß die Jungen und die Alten sich gegenseitig zu wenig kennen. Sie wissen zum Beispiel nicht voneinander, was ihnen Freude macht und was sie belastet. Aus diesem Grund können sie sich auch nicht in die Gefühle der anderen hineinversetzen. Daraus resultiert, daß ihr Verhalten durch die eigenen Bedürfnisse zu stark bestimmt wird.

Jugendliche wollen sich zu einer Jugendgruppe zusammenschließen. Bei der Suche nach einem geeigneten Raum stoßen sie auf Schwierigkeiten. Die Gemeinde weigert sich, den geeignet erscheinenden Raum zur Verfügung zu stellen, weil sie Beschädigungen an Raum und Inventar befürchtet. Da die Gruppe auch nicht von einem Erwachsenen geführt wird, sondern ihre Veranstaltungen selbst in die Hand nehmen möchte, werden Gefahren gesehen im Hinblick auf jugendliches Verhalten, das nicht gebilligt werden kann, zum Beispiel aggressive Auseinandersetzungen oder Rauschgifteinnahme. Die Jugendlichen werden sich fragen müssen, wie weit diese Gefahren berechtigt gesehen werden oder wie weit sie als Begründung vorgeschoben werden, weil das Zurverfügungstellen des Raums für die Behörde mit Mühe und Belastungen verbunden ist.

Ein Kind sieht einen Frosch, der sich in die Stadt verirrt hat und ohne Hilfe auf dem Straßenasphalt dem Tode ausgeliefert ist, weil er wegen seines Instinkts und seiner naturgemäßen Fähigkeiten dieser Lebensumwelt nicht gewachsen ist.
Das Kind erkennt, daß die städtische Umwelt die Lebensmöglichkeiten des Frosches erheblich einschränkt. In seinem spontanen Bezug zu dem hilflosen Tier ist es motiviert, alles zu tun, um das Leben des Frosches zu retten. Dabei wird ihm aber auch bewußt, daß der Tod des Frosches ein Eingriff in die Natur bedeutet, denn es weiß, daß viele Tiere durch die heutige menschliche Lebensweise vom Aussterben bedroht sind.

(2) Der Jugendliche muß sich von dieser Situation angesprochen fühlen, gleichgültig, ob sie ihn als einzelnen oder als Gruppenmitglied betrifft, und er muß angemessene Initiative ergreifen. Er muß kreativ und flexibel genug sein, um sich realistische Veränderungen dieser Situation ausdenken zu können.

Es muß dem Jugendlichen wichtig werden, daß Juan von der Gruppe gemocht wird. Er muß Wege finden, wie er sich Juan gegenüber öffnen kann, zum Beispiel indem er ihn in das Spiel bewußt einbezieht, sich mit ihm über seine Lebensweise unterhält und bereit ist, positive Qualifikationen bei Juan wahrzunehmen. Er wird sich dabei überlegen, wie er mit diesem Tun auf seine Kameraden wirkt. Er darf dabei nicht nur selbst die Freundschaft mit Juan anstreben, sondern die Integration muß ihm Gruppenanliegen

werden. Diese Motivation zum Wir-Denken kann schwieriger sein als der Aufbau einer individuellen Freundschaft.
Außer dieser Entwicklung der eigenen Einstellung und der Öffnung der Gruppe muß er aber auch das Verhalten Juans einbeziehen und überlegen, wie er bzw. die Gruppe auf Juan einwirken könne, um bei ihm eine Bereitschaft aufzubauen, durch eigene Beiträge an der Integration mitzuarbeiten.

Der Jugendliche muß sich Schritte überlegen, wie er ein harmonisches Verhältnis zwischen den Jugendlichen und den älteren benachbarten Menschen aufbauen kann. Dabei muß er sich über die unterschiedlichen Bedürfnisse klarwerden, wobei er bei dieser Klärung schon auf den ihm wenig vertrauten Partner zugehen muß. Er muß die Bereitschaft entwickeln, der älteren Menschen wegen eigene Bedürfnisse zurückzustecken. Er muß es aber auch als erforderlich ansehen, vom älteren Menschen trotz seines Altersvorsprungs ein teilweises Akzeptieren jugendlicher Bedürfnisse zu verlangen. Bei der gedanklichen Auseinandersetzung muß er eine starke Motivation aufbauen, da er sonst bei der Umsetzung an den Schwierigkeiten scheitern würde.

Die Jugendlichen, die einen Gruppenraum suchen, werden sich überlegen müssen, welche Schritte sie vornehmen können. Dabei müssen sie sich die Art ihrer Motivationen bewußt machen, zum Beispiel was ihr primärer Grund für das Zusammentreffen ist, mit welchen Aktivitäten sie ihre Veranstaltungen füllen wollen und welche Ziele sie dabei anstreben. Sie müssen bereit sein, mit der Gemeinde Kontakt aufzunehmen und ihr Vorhaben offen zu legen. Sie müssen in ihren Vorplanungen verschiedene Ansätze entwickeln, mit denen sie den Bedenken der Gemeinde begegnen können, zum Beispiel ein Beginn von Aktivitäten im Freien, eine Einladung von Gemeindemitgliedern zu einer Veranstaltung, Protokolle über abgelaufene Aktivitäten, Offenlegung von Gruppenregeln.

Das Kind muß erkennen, daß der Frosch in ihm entsprechende Lebensverhältnisse zurückgebracht werden muß. Dabei wird dem Kind vielleicht bewußt werden, daß es hierfür Wissenslücken hat, weil es nicht weiß, ob der Frosch zum Beispiel an fließendem Wasser leben kann, so daß es trotz seines Engagements die Hilfe anderer braucht. Es wird sich überlegen müssen, wie es den Frosch am Leben erhalten kann, bis es die Möglichkeit hat, ihn in seine natürliche Lebenswelt zurückzubringen. Auch hierfür wird es die Hilfe anderer Kinder oder Erwachsener benötigen. Es kommt also auch darauf an, daß das Kind Partner für sein Anliegen engagieren kann.

(3) Schließlich muß sich der Jugendliche selbst verantwortungsbewußt im Sinne seiner Zielsetzung in die gegebene Situation einbringen und an der Veränderung mitarbeiten.

Der Jugendliche wird bei dem Bemühen, Juan zu integrieren, Schwierigkeiten erleben. Er wird feststellen, daß es relativ leicht war, sich gedankliche Ziele zu setzen. Bei der Realisierung erlebt er aber oft Widerstände, die selbst bei kleinsten Schritten entstehen können. Wenn Juan sich zum Beispiel angegriffen fühlt und auf eine sprachliche Konfliktlösung nicht eingehen kann, wird die Gruppe in ihrer Bereitschaft zurückgeworfen; oder wenn Juan eine Kontaktaufnahme mißversteht, verfällt er vielleicht wieder in seine Ablehnungshaltung. Es wird auch nicht immer leicht sein, Kompromisse zu schließen und zwischen den Gruppenvorstellungen und Juans Wünschen gangbare Wege zu finden.

Bei dem Aufbau einer Beziehung zu den älteren Menschen werden sich die Jugendlichen immer wieder von neuem in deren Bedürfnisse einfühlen müssen. Sie werden zum Beispiel bemerken, daß laute Stimmen beunruhigend auf alte Menschen wirken können, und daß deren Bedürfnis nach Ruhe nur in einer entspannten Umgebung gestillt werden kann. Sie werden sich deshalb im gemeinsamen Gespräch darüber einigen müssen, zu welcher Tageszeit die Jugendlichen sich ruhiger verhalten. Sie werden vielleicht die Alten einladen, an ihren Treffen beobachtend oder sogar akiv teilzunehmen, damit die Gäste erleben, welchen Stellenwert Musik oder auch lautstarke Fröhlichkeit beim Sport für die Jugendlichen einnehmen. Diese Teilnahme kann dann bewirken, daß die älteren Menschen den Lärm einordnen können und daß sich der Angstcharakter des Lärms für sie reduziert.

Bei der Umsetzung ihrer Pläne für die Zubilligung eines Gruppenraumes muß jeder einzelne der Jugendgruppe engagiert beteiligt sein. Jeder Schritt muß auf die Situation abgestimmt werden. Beispielsweise ist eine Einladung von Gemeindemitgliedern nur dann sinnvoll, wenn in den vorherigen Gesprächen eine Bereitschaft und Offenheit erreicht wurde. Ursprüngliche Pläne müssen vielleicht revidiert werden, weil sich die Situation in der Zwischenzeit verändert hat.

Um das Leben des Frosches zu erhalten, muß das Kind sich zunächst nach den Lebensbedingungen von Fröschen erkundigen. Es muß für den Frosch ein Gefäß und die notwendige Nahrung besorgen. Es muß herausfinden, wo im Umfeld der Stadt geeignete Wasserplätze vorhanden sind. Möglicherweise muß es dafür den Förster anrufen. Es muß den Weg zu diesem Ort herausfinden. Vielleicht wird es bei seinem Engagement für die Rettung des Frosches auf Unverständnis in seiner Umwelt stoßen, weil es sich aus dem Blickfeld vieler um ein unbedeutendes Tier handelt, für das das Kind keine Verantwortung trage wie beispielsweise für ein Haustier. Das Kind wird deshalb nicht nur Engagement für seine Aktivitäten benötigen, sondern auch Durchhaltekraft gegenüber derartigen Ablehnungen.

Der Erzieher sollte bei diesem curricularen Ansatz Situationsveränderungen nur soweit anregen, wie sie vom Jugendlichen selbst noch nicht gefunden bzw. begangen werden können. Der Erzieher muß sich deshalb ständig überprüfen, wie weit er sich aus dem Lernprozeß zurückziehen kann, so daß die Selbständigkeit und Selbstbestimmung des Jugendlichen zunimmt.
Für den Jugendlichen bedeutet dieser curriculare Ansatz die Entwicklung von Qualifikationen, die den Fähigkeiten, die der Mensch in Zukunft besitzen muß, entsprechen. Das Erkennen von Lebenssituationen und deren Bearbeitung und Veränderung, wie auch die selbständige und selbstverantwortliche Handlungsfähigkeit haben wesentlichen zukunftsrelevanten Charakter. Im Rahmen dieses situationsorientierten Vorgehens kann partizipatorisches und antizipatorisches Denken und Handeln entwickelt werden. Der Jugendliche lernt bei diesem methodischen Ansatz Fachwissen und instrumentelle Fähigkeiten für gegebene und erlebte Situationen im Gegensatz zum heute üblichen Lernen in der Schule, wo Wissen und Können gespeichert werden, um sie in späteren möglichen Situationen abzurufen.
In den unvorhersehbaren Situationen der Zukunft werden wir mit unserem vorhandenen Wissen und unseren bisherigen Qualifikationen häufig keine Lösungswege finden können.

Wir werden uns oft gerade von diesem Vorhandenen lösen müssen, um unbelastet uns das aneignen zu können, was die neuartige Situation von uns verlangt.

1. Übertragung auf die eigene Lebenssituation
Nehmen Sie eine Analyse Ihrer Lebenssituation vor, indem Sie einen Alltagsbereich herausgreifen, und auf seine Hintergründe untersuchen. Stellen Sie Ihr Verhalten in einen Bezug zu globalen sozialen und naturbedingten Gegebenheiten. Versuchen Sie, erkannte Mängel in Ihrem Verhalten zu verändern.
Beispiel: Die Art der Ernährung und ihre Zubereitung.

a) Was essen Sie? Welche sozialen Auswirkungen hat die Auswahl Ihrer Lebensmittel? Bedeutet Ihre Auswahl eine Belastung der Umwelt und der Natur? Wie wirkt Ihre Auswahl auf die Dauer gesehen auf die eigene Person?
b) Versuchen Sie, für die erkannten Fragwürdigkeiten realistische Veränderungen zu entwerfen und
c) diese Gedanken in Ihr Leben umzusetzen.

Weitere Ansätze:
Ihre Wohnweise,
Ihr Konsumverhalten,
Ihr Verhalten als Mitbürger, als Angehöriger einer gesellschaftlichen Gruppe, zum Beispiel Berufsgruppe, als Weltbürger.

2. Gruppenübung
Wählen Sie als Mitglied einer kleinen Gruppe eine Lebenssituation aus, die für die Gruppe bedeutsam ist und vollziehen Sie die gleichen Aufgabenschritte nach.

3. Umsetzung in die pädagogische Arbeit
Wenn Sie in einem pädagogischen Beruf stehen, versuchen Sie, sich mit dieser Arbeitsweise auseinanderzusetzen und sie in Ihrem Berufsleben anzuwenden.

Funktionsorientierte Schulung

Der im vorangegangenen Abschnitt dargestellte situationsorientierte Ansatz geht von der sozialen Situation aus, um selbständiges und autonomes Verhalten zu erlernen. Das Kind wird geschult, seine Lebenssituation unter Einbeziehung des Partners selbst zu bewältigen. Damit hat dieses Curriculum den Ausgangspunkt für den einzelnen dort, wo er sich selbst betroffen fühlt. Ergebnis ist dann eine Reduzierung der Fremdbestimmung und Erhöhung der verantwortlichen Selbständigkeit. Zweifellos birgt dieser Ansatz Grundlagen einer Handlungsweise für die Zukunft, insbesondere was demokratisches Handeln und Mitverantworten betrifft. Der Ansatz besagt aber letztlich nicht, was unbefriedigende Lebenssituationen sind und wo er ansetzen muß. Er besagt auch nicht, welche Art von Lösungen angestrebt werden sollen. Die Bewältigung einer unbefriedigenden Lebenssituation muß nicht unbedingt unter dem Aspekt zukunftsrelevanten Verhaltens gesucht werden, sie kann durchaus auch gesellschaftskonform sein, auch dann, wenn die heutige gesellschaftliche Situation fragwürdig erscheint.

Dem Erzieher wird bewußt, daß die Kinder häufig Werbesendungen im Fernsehen betrachten und davon beeinflußt werden. Er spürt die Hilflosigkeit der Kinder gegenüber dieser Fremdbestimmung. Das kann sich zum Beispiel darin äußern, daß die Kinder, nachdem einige Zeit für eine bestimmte Schokolade geworben wurde, diese Schokolade bevorzugen und häufig mitbringen. Dadurch, daß einige Kinder von der Schokolade sprechen und die beigepackten kleinen Geschenke stolz vorzeigen, beeinflussen sie zusätzlich die anderen und steigern deren Konsumwünsche.
Der Erzieher könnte diese Situation mit den Kindern folgendermaßen bearbeiten: Die Kinder erkennen, daß die Schokolade keine bessere Qualität aufweist als andere Schokolade auch, daß die Werbegeschenke nur geringe Haltbarkeit haben und daß sie nach kurzer Zeit interesselos werden. Damit hat er den Kindern geholfen, diese Fremdbestimmung zumindest zu einem Teil zu durchschauen und sich davon zu distanzieren.
Die tiefer gehende Frage, ob es nötig ist, Schokolade überhaupt zu

kaufen, hat er mit den Kindern nicht bearbeitet. Seine Interpretation des Curriculums orientiert sich in diesem Fall an der Möglichkeit, wie selbstbestimmt das Kind seinen Konsum steuert.
Er könnte das Curriculum aber auch so auslegen, daß er den Konsum als solchen hinterfragt, indem er den Kindern hilft, die negative Wirkung unseres starken Konsums für uns und andere zu erkennen. Im Fall der Schokolade könnten die Kinder erfassen, daß häufiger Genuß für uns schädlich ist und eine Überernährung bewirkt. Man kann Kindern auch einsichtig machen, daß Industrieländer unverhältnismäßig viel Nahrungs- und Genußmittel konsumieren. Wir müssen deshalb unseren Konsum reduzieren, um den Nahrungsmittelanteil, der für die Überschußproduktion benötigt wird, unterernährten Menschen zur Verfügung zu stellen.

Der Erzieher, der zukunftsorientiert vorgehen will, darf das Curriculum deshalb nicht wertneutral sehen, sondern muß jede einzelne Situation und deren Lösung auf die Zukunftsrelevanz hin untersuchen.
Bei diesem bewußten Vorgehen wird der Erzieher aber auf Schwierigkeiten stoßen. Er wird erkennen, daß die Kinder unter seiner erzieherischen Zielvorstellung Fähigkeiten einbringen müssen, die sie in gegenwärtigen Situationen nicht leben können bzw. nicht zu leben brauchen. Er wird deshalb Fähigkeiten in konstruierten Situationen schulen müssen. Da das Kind diese Fähigkeiten nicht in seinen Alltag umsetzen kann, weil sie hier nicht gefragt sind, wird der Erzieher solche Funktionen systematisch in Übungen schrittweise aufbauen und wachhalten müssen.
Das gezielte Schulen von Funktionen ist der Ausgangspunkt für den funktionsorientierten Ansatz der Curriculumentwicklung. Allerdings ist dieser ebenso wie der situationsorientierte Ansatz als solcher wertneutral und nicht zukunftsorientiert ausgerichtet. Da der funktionsorientierte Ansatz eine Anwendungsbreite zuläßt, die dem einzelnen Erzieher erlaubt, nach seiner Entscheidung individuelle Akzente zu setzen und Funktionen nach seiner Zielsetzung zu bestimmen, können die zu schulenden Funktionen zukunftsorientiert ausgewählt werden.

Es nützt dem Kind allerdings wenig, Funktionen lebensabgehoben zu schulen, da in diesem Fall die Gefahr besteht, daß das Kind die erlernten Funktionen isoliert sieht und nicht in einen Zusammenhang mit seinem Alltag stellen kann. Wenn solche erlernten Fähigkeiten (wie zum Beispiel Bedürfnisaufschub) im Alltag des Kindes auch nicht verlangt werden, so muß das Kind sie doch mit Hilfe des Erziehers in einen Zusammenhang mit seinem Leben bringen und den Wert solcher Fähigkeiten aus der Lebenssituation ableiten können.

Zukünftige Situationen werden vom einzelnen verlangen, sich nicht an der Meinung anderer auszurichten, sondern eigenständig eine Standortfindung vorzunehmen und danach zu handeln. Wenn die eigene Handlungsstrategie nicht der Meinung der Umwelt entspricht, verlangt die Verwirklichung Mut und Selbstbewußtsein.
Im situationsorientierten Ansatz wird die Anwendung eines solchen Könnens verlangt, aber nicht vorbereitend geschult. Eine Übungsreihe zur Schulung dieser Fähigkeit ist denkbar. Dazu könnten zunächst Übungen gehören, in denen ein Spieler eine Meinung äußert und ein zweiter Spieler die Gegenmeinung formuliert, unabhängig davon, ob sie seiner Überzeugung entspricht oder nicht. Mit zunehmender Differenzierungsfähigkeit kann man vom Spieler Begründungen verlangen. Solche spielerischen Übungen dürfen nicht nur verbal ablaufen, sondern müssen auch in Handlungen umgesetzt werden.
Die Kinder bemalen zum Beispiel ihr Gesicht auf eine ungewöhnliche Weise. Die Kinder gehen auf die Straße und erproben ihren Mut, fremde Menschen trotz Hektik freundlich zu grüßen.
Solche Übungen müssen zunächst von der spielerischen Situation ausgehen, dann aber zunehmend in die Alltagssituation übertragen werden, so daß am Schluß die Übung zur realen Handlung wird. Das könnte zum Beispiel bedeuten, daß das Kinder andere, auch Erwachsene, auf Fehlverhalten hinweist; beispielsweise wenn ein Fußgänger bei Rot die Straße überquert oder wenn der Erzieher dem Kind eine unwahre Antwort gibt.

Es ist denkbar und wird auch praktiziert, den situationsorientierten und funktionsorientierten Ansatz nebeneinander laufen zu lassen. Dabei müssen aber die im funktionsorientierten Vorgehen erworbenen Fähigkeiten immer wieder in

Projekte mit situationsorientiertem Anlaß einbezogen werden.
Der situationsorientierte Ansatz kann auch Ausgangspunkt für die Schulung von Kompetenzen sein.
»Kommt es innerhalb des Verlaufs eines solchen Projekts zur Feststellung von Mängeln der Kompetenz, zu Stellen also, an denen die Kinder ohne entsprechende Kompetenz nicht weiterhandeln können, so kann das der Anlaß zu Kursen sein, zu jenen didaktischen Schleifen, über die die für das Projekt notwendige Kompetenz erworben werden kann« (*Arbeitsgruppe Vorschulerziehung I* 1973, S. 117).
In der Regel werden diese Kompetenzschulungen nicht aufgefaßt als Erlernen von elementaren Grundfähigkeiten, sondern sie werden inhaltlich auf das Projekt bezogen. Es ist aber auch denkbar, daß solche Kompetenzmängel breiter aufgefaßt werden und insbesondere aus der Sicht zukunftsnotwendiger Fähigkeiten abgeleitet und aufgebaut werden. Die Fachliteratur bietet hierfür erste Ansätze (z. B. *Stange/Tiemann* 1977).

Auf die Beispiele bezogen, die im Abschnitt über das situationsorientierte Vorgehen gegeben wurden, könnte sich das beispielsweise folgendermaßen entwickeln:
Wenn sich sich die Jugendlichen mit Juan auseinandersetzen, um ihn besser zu integrieren, werden sie vielleicht erleben, daß Mißverständnisse entstehen, weil sie ihre Einstellungen und Gefühle nicht genügend verbal ausdrücken. Es wird sichtbar, daß sie dabei Schwierigkeiten haben, die ihr eigentliches Vorhaben behindern. Der Erzieher stellt fest, daß die Kinder in ihrem Alltag diese Fähigkeit, Einstellungen und Gefühle zu verbalisieren, nicht genügend schulen. Er entschließt sich deshalb zu einer gezielten Förderung. Sie könte so aussehen, daß er Übungen ansetzt, in denen die Kinder in sich selbst »hineinhorchen«, sich selbst erkennen und ihre wahrgenommenen Gefühle äußern. Er kann weiterführen mit Spielen, in denen die Kinder ihre Ansichten darlegen müssen. Solche Spiele können schließlich in Übungen enden, die einer Realsituation ähnlich sind.
Spiele und Übungen dieser Art werden zum Beispiel angeboten von Hielscher in »Sozialerziehung konkret« oder von Hielscher bzw.

Stange in »Materielien zur Sozialerziehung im Kindesalter« Band 1 und 2.

Bei dem Bemühen, sich mit den älteren Menschen zu verständigen, werden die Jugendlichen vor allem ihre Unfähigkeit erkennen, sich in Menschen zu versetzen, die sich von ihnen stark unterscheiden. Diese Unfähigkeit kann sie veranlassen, die Kompetenzmängel durch gezielte Empathieübungen abzubauen. Je jünger die Gruppe, desto stärker wird dabei die Lenkung durch den Gruppenleiter erforderlich sein. Diese grundsätzliche Schulung des Einfühlungsvermögens in Gedanken und Motivationen anderer wird ihnen helfen, die älteren Menschen besser zu verstehen. Darüber hinaus wird diese Fähigkeit in viele Situationen des Alltags übertragbar sein.

Die Jugendgruppe wird bei ihrer Suche nach einem Gruppenraum häufig Verhandlungen führen müssen. Dabei werden die Gruppenmitglieder die Bedeutung des sachlichen Diskutierens und der Kompromißbereitschaft erkennen. Sie werden vielleicht bemerken, daß sie sich emotional zu stark steuern lassen. Deshalb beginnen sie untereinander mit Übungen, in denen sie durch Sachargumente ihre Meinungen darlegen und den Gesprächspartner zu überzeugen versuchen. In Gemeinschaftsarbeiten üben sie Initiative und Kompromißbereitschaft. Da sie in den Diskussionen feststellen, wie schwer es ist, den Ablauf von Gedankengängen genau festzuhalten, schulen sie sich durch schriftliches Protokollieren. Diese erlernte Fähigkeit kommt ihnen zugute, wenn sie in den Verhandlungen mit den Gemeinderäten anhand von schriftlichen Protokollen ihre Gruppenaktivitäten nachweisen müssen, um ihre ernstzunehmende Position darzulegen.
Häufig werden es Grundqualifikationen aus dem sozialen Bereich sein, die im funktionsorientierten Ansatz gezielt gefördert werden. Es gehören aber auch andere Fähigkeiten dazu, wie im vorangegangenen Beispiel das Führen von Protokollen.

In der Handlungseinheit, in der ein Kind das Leben eines Frosches zu retten versuchte, wird dem Erzieher vielleicht auffallen, daß die anderen Kinder der Gruppe diesem naturbezogenen Handeln wenig Verständnis entgegenbringen. Daher entschließt der Erzieher sich, mit seiner Gruppe Pflanzen und Tiere systematisch zu pflegen.
Er wird jetzt vielleicht Tätigkeiten, die er bisher aus einem anderen Aspekt mit der Gruppe durchführte, stärker aus der Sicht des Naturbezugs sehen und damit diese Tätigkeit methodisch unter der neuen Sichtweite strukturieren. Wenn er beispielsweise bisher Steine sammelte, um sie kreativ verwerten zu lassen, wird er das Kind jetzt

stärker auf die Eigenarten des Steines, seine Schönheit in Form und Farbe hinweisen. Er wird grundsätzlich den Blick und damit die Wahrnehmung für Naturgegebenheiten schulen. Die Förderung der Beobachtungsfähigkeit für Prozesse und Veränderungen in der Natur wird für ihn Bedeutung bekommen. Er wird die Kinder zu Experimenten und Versuchen anregen, solange dadurch nicht negative Wirkungen eintreten, denn der Bezug des Kindes zur Natur und seine Erfahrungen werden stärker in der Handlung aufgebaut als in der Betrachtung. Der wachsende Naturbezug des Kindes wird durch das Vorbildverhalten des Erziehers und durch die Ausstrahlungskraft seiner Grundhaltung verstärkt.

1. Erkennen des Wandels von zu erlernenden Grundfunktionen

a) Überlegen Sie Beispiele für Fähigkeiten, die Sie in Ihrer Kindheit erlernten, die vom heutigen Kind nicht mehr gefordert werden.
b) Gibt es auch Fähigkeiten, die der Jugendliche heute lernt, die von der älteren Generation nicht abverlangt wurden?

2. Schulung der eigenen Kompetenzen

Stellen Sie fest, wo Sie selbst einen Kompetenzmangel haben und versuchen Sie, diese Lücke systematisch durch Übungen aufzuarbeiten.

3. Aufstellung eines Übungsprogramms für Kinder

Suchen Sie sich eine Grundqualifikation aus, die Sie mit einem Kind oder einer Kindergruppe aufbauen wollen. Entwickeln Sie dafür ein Übungsprogramm.

4. Setzen von Akzenten innerhalb der beiden curricularen Ansätze

Blättern Sie zurück zu Aufgabe 2 auf Seite 125. Überlegen Sie, welche der von Ihnen festgehaltenen zukunftsrelevanten Werthaltungen im situationsorientierten curricularen Ansatz aufgebaut werden können. Welche Werthaltungen können vorrangig über Funktionsschulung verwirklicht werden?

Gespräche

Gespräche bilden einen wesentlichen Teil mitmenschlicher Interaktionen. Über Gespräche werden Sachinformationen weitergegeben. Gespräche können aber auch dazu dienen, Gefühle und Beziehungen mitzuteilen. Zwischen den Gesprächspartnern können Ansichten und Meinungen ausgetauscht, Fakten beschrieben, Fragen erörtert, Widerstände bewußt gemacht und Lösungen gesucht werden. Das Gespräch trägt auch dazu bei, Erlebtes sich zu vergegenwärtigen, und es bietet Ansätze zur Verarbeitung.

Dieses Gespräch, das zwischenmenschliche Beziehungen begünstigt und vertieft, ist heute stark zurückgegangen. Am Arbeitsplatz wird es vor allem durch die Technisierung verdrängt, die ein konzentriertes Arbeiten verlangt und das Miteinander in der Arbeit reduziert. Im privaten Bereich drängen vor allem Medien den sprachlichen Austausch zurück. Einerseits kann der einzelne in der Zeit, in der das Medium auf ihn einwirkt, wenig Kontakt mit dem Partner aufnehmen, zum Beispiel vor dem Fernseher oder beim Zeitungslesen, zum anderen täuscht das Medium einen Kommunikationspartner vor. Es bietet Informationen, aber auch Erlebnisse, und es teilt Gefühle mit. Dadurch stillt es scheinbar ein Bedürfnis nach Kontakt. Die Medien geben nur ab und ermöglichen keine Antwort von demjenigen, der die Mitteilungen aufgenommen hat. Sie sind deshalb einseitige Kommunikationspartner. Diese Einseitigkeit wird häufig nicht wahrgenommen. Dadurch wird wenig reflektiert, aber stark konsumiert.
Auch inhaltlich tragen die heute geführten Gespräche wenig zur Bewußtmachung unserer Situation bei. Weder erlebt der einzelne durch Verbalisierung ausreichende Hilfe, seine persönliche Situation zu erkennen und zu bearbeiten, noch werden Situationen, die Gruppen oder uns alle betreffen, genügend aktiv erörtert. Dort, wo Situationen von anderen oder auch durch Medien vorgestellt werden, bleiben sie sach-

liche Informationen und berühren uns nicht wirklich, solange wir uns nicht aktiv einschalten.
Der Rückgang der Kommunikation bewirkt, daß der einzelne isoliert lebt und daß er sich seine Gedanken und Gefühle weniger bewußt macht, weil er sie nicht verbalisiert und weil er sie durch mangelnden Partnerbezug weniger reflektiert. Darüber hinaus schränkt die kommunikationsarme Umwelt die Schulung der Fähigkeit, Gedanken und Gefühle zu verbalisieren, ein, so daß auch das Bedürfnis nach echter Kommunikation verkümmert.
Zukunftsorientiertes Denken und Handeln verlangt in weitem Maß Verbalisierung. Um Zukunft planen zu können, muß zunächst die gegenwärtige Situation differenziert wahrgenommen und durch die sprachliche Darstellung der unterschiedlichen Betroffenen objektiviert werden. Dazu muß auch die Vergangenheit einbezogen werden, die häufig über das Wort herangeholt wird. Da die Zukunftssituation Neues und Ungelebtes bedeutet, ist sie in der Regel nur verbal zu umreißen. Das Gespräch bedeutet deshalb ein wesentliches Element zukunftsorientierten Denkens und Handelns.
Dazu kommt, daß zukünftiges Handeln sozial ausgerichtet sein muß, denn die unterschiedlichen Interessenansprüche können nicht durch Macht, sondern nur durch Ausgleich bewältigt werden, zum Beispiel die Güterverteilung, die Ausnutzung der Bodenschätze, die Ablagerung von Schadstoffen. Es muß deshalb ein weltweit sozialeres Bewußtsein und eine stärkere soziale Befähigung entwickelt werden, was weitgehend über das Wort erreicht wird.
Wenn der Erzieher durch das Gespräch zukunftsrelevante Fähigkeiten schulen will, so wird er auf jeden Fall dafür sorgen, daß das Kind mit Hilfe der verbalen Darstellungen dazu hingeführt wird, seine Lebenssituation zu durchschauen, Entstehungszusammenhänge zu erkennen, zukünftige Entwicklungen sowie Nebenwirkungen von Handlungen abzuschätzen, Gegebenheiten von verschiedenen Sichtweisen her zu betrachten, sich in den Partner einzudenken und Aus-

wirkungen auf jeden einzelnen Betroffenen abzuleiten. Das heißt, der Erzieher muß möglichst viele Situationen aufgreifen, in denen sich das Kind in solche Auseinandersetzungen vertieft, und er muß entsprechende Gedanken des Kindes verstärken. Er muß darüber hinaus die Gespräche so führen, daß das Kind die bewußtgewordenen Gedanken verallgemeinern kann. Damit werden diese Gedanken für neue Situationen übertragbar. Wenn das Kind solche Ansätze von Transfer zeigt, ist es wichtig, daß der Erzieher diese Versuche anerkennt und daß er jeden noch so geringen Ansatz fördert.

In Kindergartengruppen birgt das Frühstück häufig eine Vielzahl von unbefriedigenden Situationen:

- Die Kinder bringen mehr mit als sie essen können, Speisereste werden im Kindergarten, auf dem Heimweg oder zu Hause fortgeworfen.
- Die Kinder bringen Nahrungsmittel mit, die aus gesundheitlichen Gründen ungünstig sind, zum Beispiel Süßigkeiten, Getränke.
- Die Kinder verknallen die Plastiktüten, die dann nicht mehr wiederverwendet werden können.

Den Kindern können über Verbalisierung Zusammenhänge dieser Situation bewußt werden. Sie bringen zum Beispiel zum Frühstück mehr zu essen mit als sie benötigen, weil ihre Mütter möchten, daß sie genügend essen. Die Tüten werden zum Platzen gebracht, weil es Spaß macht und sie zu Hause doch weggeworfen werden. Die mitgebrachte Schokolade weckt in anderen Kindern unerfüllbare Bedürfnisse, so daß sie traurig werden. Es wird den Kindern bewußt werden, daß sie durch ihr lautstarkes Zerstören der Plastiktüten die anderen dazu motivieren können, zu Hause auch neue Plastiktüten zu erbetteln. Damit wird es in der Gruppe zur Mode, jeden Tag eine neue Tüte mitzubringen. Das Kindergartenkind kann auch durchaus bereits erfassen, daß dadurch mehr Geld als nötig ausgegeben und Material unnötigerweise verbraucht wird. Es wird den Kindern oft gesagt, daß es Menschen gibt, die an Nahrung Mangel leiden, daß sie nicht die Möglichkeit haben, sich lebensnotwendige Güter zu kaufen. Ohne Hilfe werden die Kinder das in der Regel nicht in Verbindung zu ihrer eigenen Lebenssituation bringen. Im obigen Beispiel werden die Kinder im Gespräch ableiten können, daß wir uns oft unnötige Dinge neu kaufen, obwohl wir sie eigentlich nicht brauchen und sie auch nicht genügend nutzen werden. Dem älteren Kindergartenkind ist durchaus schon zuzutrauen, daß es Impulse,

die es im Gespräch erhalten hat, weiterentwickelt. Es wird sie auch auf andere Situationen übertragen können, und zwar in unterschiedlicher Weise.
Beispiele:

- Es kann das Gespräch am nächsten Tag selbst neu beginnen,
- es kann die Gedanken auf ähnliche Situationen übertragen, zum Beispiel auf das Wegwerfen von Speisen in der Familie oder auf das verschwenderische Umgehen mit Bastelmaterial,
- es kann solche Gedanken in neuen Zusammenhängen wiedererleben, zum Beispiel, wenn es im Auslandsurlaub ärmere Lebensformen kennenlernt.

Das Kind kann durch solche Impulse seine Wahrnehmungsfähigkeit gegenüber Situationen, in denen es selbst nicht betroffen ist, schulen. Es wird zum Beispiel ohne entsprechende Anregung im Urlaub hauptsächlich die eigene bequemere Lebensform wahrnehmen, nicht aber die andersgeartete Lebensweise des Gastgebers.

Die gleiche Situation könnte auch vom älteren Kind beispielsweise im Hort aufgefangen und bearbeitet werden. Die Zusammenhänge werden dann vom Kind tiefergehender erfaßt werden können, wobei dem Kind eine stärkere Verallgemeinerung möglich wird. Damit kann es auch Wirkungen in einer größeren Breite verfolgen.
Die Kinder könnten zum Beispiel von der Essenssituation im Hort auf die allgemeine Ernährungssituation übertragen und den Unterschied von Unter- und Überernährung in Entwicklungs- und Industrieländern erfassen und mit den heutigen Machtverhältnissen in einen Zusammenhang bringen. Sie können Relationen überschauen und von Statistiken beeindruckt sein, beispielsweise, daß jeder zweite Bundesbürger überernährt ist, daß allein von den in der Bundesrepublik weggeworfenen Schulbroten 13.480 Kinder ernährt werden könnten.
Ein Kind im Schulalter ist in der Regel auch in sich schon so stabil, daß der Erzieher ihm die Auseinandersetzung mit notleidenden Menschen zumuten kann, zum Beispiel könnte der Erzieher über Bild und Erzählungen das Leid einer Mutter, deren Kind durch Hunger gestorben ist, erahnen lassen. Das Schulkind kann Ungerechtigkeit nachempfinden und deshalb durchaus erkennen, daß in der unterschiedlichen Güterverteilung soziale Konflikte liegen, die zu internationalen gewaltsamen Auseinandersetzungen führen können.

Der Erzieher wird beim Schulkind im Gegensatz zum jüngeren Kind feststellen, daß es zwar rational breiter erfaßt, in seiner Empfindsamkeit häufig aber nicht mehr so berührbar ist, weil es insgesamt bereits festgelegter ist und solche Sachverhalte zu häufig nur rational aufgenommen hat. Das Schulkind ist vielfach nicht mehr so sensibel und durch seine Umwelt stärker in seinem Denken und Fühlen geprägt. Deshalb ist es wichtig, daß der Erzieher das Kind möglichst früh dazu führt, seine Situationen in einen Zusammenhang zu stellen und Konsequenzen nicht nur für sich, sondern auch für andere zu durchschauen.

Das zweijährige Kind ist gewöhnlich nicht in der Lage, seinen Becher so weit in die Tischmitte zu stellen, daß er nicht versehentlich von ihm selbst heruntergestoßen wird. Meist greift die Mutter ein und schiebt ihn zur Tischmitte. Erlebt das Kind die Konsequenzen seiner Handlung und der Becher fällt zur Erde, muß es nun den Boden reinigen. Es erlebt außerdem, daß es nichts mehr zu trinken bekommt oder sehr wenig, weil die vorhandene Restmenge auf alle verteilt wird.

Die Zusammenhänge aus Einzelsituationen müssen dem Kind verbal verdeutlicht werden, weil es sie alleine noch nicht erfassen könnte und weil damit das Exemplarische an dieser Situation sichtbar wird. Nur dadurch sind die Grundlagen zur Übertragung gegeben.
Die Bewußtmachung und Aufarbeitung seiner Lebenssituationen und das Erkennen von Zusammenhängen und Konsequenzen sind ein wesentlicher Aspekt für die Gesprächsführung. Darüber hinaus muß das Kind aber auch unabhängig vom Gesprächsinhalt grundlegend und vielseitig gesprächsfähig werden. Das Kind benötigt eine differenzierte Gesprächsfähigkeit, um einerseits in jedem Gespräch auf Details eingehen, andererseits unterschiedlichste Situationen verbal bearbeiten können.
Für diese vielseitige Gesprächsfähigkeit muß das Kind Grundqualifikationen erlernen. Dazu gehören zunächst Fähigkeiten, die sich auf den eigenen Gesprächsbeitrag beziehen, zum Beispiel:

- Gegebenheiten und Verhalten beschreiben können;
- Gefühle, Gedanken und Meinungen ohne Ängste äußern können, auch dann, wenn keine Zustimmung von den Gesprächspartnern zu erwarten ist;
- sich spontan einbringen können;
- Gedanken hinterfragen und in Zusammenhänge einordnen können.

Weitere Fähigkeiten sind primär partner- und gruppenbezogen, zum Beispiel:

- dem Partner zuhören können, sich dabei Zeit nehmen, ihn auch ausreden lassen;
- sich angemessen in das Gespräch einbringen, sich nicht in den Mittelpunkt stellen, aber auch nicht am Rand bleiben oder sich dahin drängen lassen;
- auf den Partner eingehen und nicht am Partner vorbeireden;
- sich in Gedanken und Aussagen des Partners einfühlen und dabei den emotionalen und den inhaltlich geäußerten Gehalt aufnehmen (Beziehungs- und Inhaltsebene der Kommunikation), die hierbei bestehenden Diskrepanzen feststellen und hinterfragen;
- dem Partner sagen, wie man seine Beiträge verstanden hat und wie sie auf einen wirken, aber auch Feedback von anderen annehmen.

Das Kind muß auch Fähigkeiten erwerben, die sich vorrangig auf den Gesprächsablauf beziehen. Dazu gehören unter anderem:

- Wesentliches vom Unwesentlichen unterscheiden;
- den »roten Faden« des Gesprächs erkennen, verfolgen und zu ihm zurückfinden;
- den Gesprächsverlauf rekonstruieren, um Gedanken nachvollziehen und erneut an bestimmten Punkten ansetzen zu können;
- sich für den Gesprächsverlauf mitverantwortlich fühlen;
- letztlich dazu in der Lage sein, ein Gespräch zu lenken.

Um dem Kind zu diesen differenzierten Grundqualifikationen zu verhelfen, muß der Erzieher seine Methoden durchdenken.

Dazu gehört zunächst, daß er sich als Vorbild versteht und weiß, daß er durch sein Verhalten eine starke Ausstrahlungskraft hat. Das bedeutet, daß er in seinem eigenen Kommunikationsverhalten diese Ziele anstrebt.
In der Gesprächsführung muß er gezielt, aber doch behutsam vorgehen. Er darf nicht zu viel vorgeben, sondern sollte, wo immer möglich, mit breit angelegten Denkanstößen anregen (Impulsen). Dadurch wird das Kind veranlaßt, nicht einen vorgegebenen Gedanken zu verfolgen, sondern es erhält die Möglichkeit, Eigenständigkeit im Denkprozeß zu entwickeln und darüber hinaus alternative Gedanken der Partner zu akzeptieren und einzubeziehen.
Bei seiner Gesprächsführung sollte der Erzieher das Prinzip der minimalen Hilfe beachten und immer nur dann lenkend und anregend eingreifen, wenn er merkt, daß die Gruppe ohne ihn nicht weiterkommt oder sich in einer Sackgasse verfängt. Diese Zurückhaltung wird dem Erzieher nicht immer leicht fallen.
Das Kind muß im Gespräch erfahren, daß die gemachten Aussagen verstärkt oder zumindest akzeptiert werden, soweit sie vom Kind in positiver Absicht eingebracht wurden. Es muß aber auch erleben, daß seine Aussagen hinterfragt werden, es muß diese Hinterfragung sogar wünschen. Das Kind benötigt auch die Verstärkung bzw. Kritik, die sich nicht nur auf den Inhalt seiner Aussage bezieht, sondern auf die Art, wie es sich in die Kommunikation einbringt.
Der Erzieher hat deshalb trotz seiner Zurückhaltung zwei Aspekte des Gesprächs intensiv zu beobachten und in seine Gesprächslenkung und sein Verstärkungskonzept einzubeziehen: die inhaltlichen Aussagen und die ablaufenden formalen Kommunikationsprozesse.

Als Gesprächsanlässe bieten sich unterschiedliche Möglichkeiten. Da sind zunächst die vielen alltäglichen Gesprächs-

situationen, die vom Kind ausgehen und vom Erzieher aufgegriffen und inhaltlich sowie formal zur Vertiefung geführt werden können.
Beispiele dafür sind:

- Erzählungen von Kindern über Erlebnisse,
- Berichte über Informationen, die sie in der Schule, durch Medien oder durch Mitmenschen erhielten,
- Gefühlsreaktionen, Träume, Ideen, Überlegungen.

Eine weitere Gesprächsnotwendigkeit erwächst aus dem Aufgreifen von Lebenssituationen der Kinder, um Handlungen bewußt zu machen, Einstellungen hervorzurufen, Wirkungen zu verdeutlichen und auf Konflikte einzugehen.
Beispiele für solche verbalen Auseinandersetzungen wären:

- alltägliche Situationen, die planend, handlungsbegleitend und in nachträglicher Reflexion bearbeitet werden können,
- bewußt geschaffene Situationen, die den Jugendlichen berühren und betroffen machen sollen, zum Beispiel Filme, Bildbetrachtungen, Bücher, Erzählungen, Erlebnisse, so daß er seine Eindrücke und Gefühle verbalisiert und diskutiert,
- gezielte projekteinleitende und -begleitende Gespräche,
- von der augenblicklichen Situation losgelöste Gespräche wie Tages- und Wochenrückschau, Diskussionen von Einstellungen, Gedanken, Plänen,
- gelenkte zukunftsorientierte Überlegungen, da deren Inhalte häufig nur verbal zu bearbeiten sind.

Während diese Art von Gesprächen in einem starken Zusammenhang mit dem situationsorientierten curricularen Ansatz steht, läßt sich auch aus dem funktionsorientierten Curriculum eine Schulung der Gesprächsfähigkeit ableiten. Hierzu zählen Sprachspiele und Kommunikationsübungen. Dieser Ansatz muß allerdings auch immer an die Lebenssituation des Kindes anknüpfen oder aus dem Partnerbezug erwachsen und darf nicht zur abstrakten, lebensabgehobenen Wortschatz- oder Sprachschulung werden, wie das beispielsweise leicht in den speziellen Mappen zur Sprachschulung des Vorschulkindes der Fall ist.

Anregungen für geeignete Spiele und Übungen bieten unter anderem für jüngere Kinder:
Hielscher: Sozialerziehung konkret, Band 1
Stange u. a.: Materialien zur sozialen Erziehung im Kindesalter 2;
für Jugendliche:
Höper u. a.: Die spielende Gruppe.
Zu den hier gemeinten Spielen und Übungen gehören zum Beispiel:
- Spiele, die die Kommunikationsfähigkeit schulen, wie beispielsweise Partner an einzelnen Eigenschaften erraten, eine angefangene Geschichte weitererzählen, Rollenspiele, Pantomimenspiele,
- Partnerübungen, die den einzelnen schulen, eigene Gefühle wahrzunehmen und auszusprechen, sowie den Partner zu erfassen und sich auf ihn einzustellen,
- Übungen, in denen dem Partner Rückmeldung gegeben wird, in denen Ich-Du-Botschaften ausgetauscht und Beziehungsebenen angesprochen und verbalisiert werden.

1. Situationsanalyse der Kommunikationsmöglichkeiten

a) Durchdenken Sie einen üblichen Tagesablauf eines Durchschnittsbürgers im Hinblick auf seine Kommunikationsmöglichkeiten. Gehen Sie davon aus, daß er an einer Maschine arbeitet und abends in der Regel fernsieht. Unterscheiden Sie Mitteilungen, die eine reine Information weitergeben von solchen Kommunikationen, die auf einem Partnerbezug beruhen.

b) Wie unterscheidet sich Ihr Tagesablauf von dem oben beschriebenen?

c) Beobachten Sie ein von Ihnen ausgewähltes Kind im Hinblick auf seine Kommunikationsmöglichkeiten.

2. Rückbesinnung

Rekonstruieren Sie (wenn noch möglich) Ihren Kommunikationsablauf von der Aufgabe 2., Seite 152 (Situationsorientierter Ansatz), sofern Sie diese Gruppenaufgabe vornahmen.

3. Übertragung in den Alltag
Beobachten Sie bei Ihrem nächsten Gruppengespräch die formalen Kommunikationsprozesse und sprechen Sie - wenn möglich - mit den Gesprächspartnern über die abgelaufenen Gefühle und Beziehungen.

4. Interaktionsspiele
Besorgen Sie sich Anregungen zu Interaktionsspielen und führen Sie mit einem Partner oder in einer kleinen Gruppe solche Spiele durch. Sprechen Sie anschließend über die gemachten Erfahrungen und Lernprozesse.

Spiel

Für zukunftsorientierte Pädagogik dürfte das Spiel einen besonderen Stellenwert erhalten. Das Spiel ist für den Menschen, insbesondere das Kind, eine bedeutende Lernform, vor allem, weil ohne Druck und durch eigene Erfahrung und eigene Initiative gelernt wird. Der Schwerpunkt des Spiels liegt in der Regel nicht im Ergebnis, sondern im Tun selbst, in der Ausrichtung auf die Tätigkeit. Damit verbunden ist Hingabe und Versenkung in das spielerische Tun. Man spielt um des Spielens willen und nicht, um ein leistungsbezogenes Ziel zu erreichen.
Die Fähigkeit zu spielen ist uns heute oft verloren gegangen, weil diese Art des Tuns nicht in unser leistungsorientiertes Gesellschaftssystem paßt. Die spielerische Tätigkeit wird beim Kind und erst recht beim Erwachsenen nicht ernst genommen und steht unter einer geringen Bewertung. Das mag sicher einer der Gründe sein, weshalb Kinder oft in diesem Sinne nicht mehr spielen, sondern sich nur denjenigen Spielen zuwenden, die ergebnisorientiert sind.
Da das Spiel in sich Erfahrungsinhalte birgt, die wir für zukünftige Wertsetzungen und Handlungsstrategien benötigen, müssen wir dafür sorgen, daß dem Kind das Spiel nicht nur als

Ausdrucks- und Freizeitform, sondern als Lebensform erhalten bleibt.

Das Spiel verlangt vom Kind eine starke Beweglichkeit. Die Situation ist selten feststehend, da es sich meistens um Als-ob-Situationen handelt. Das Kind spielt also mögliche Situationen durch und zwar häufig mit dem vollen Ernst einer Realsituation. Die Zukunft wird von uns immer wieder Planspiele erfordern, um Lösungswege für problematische Realsituationen durchzuspielen. Die Auseinandersetzung mit möglichen Realsituationenen wird besonders im Rollenspiel erprobt. Dazu kommt, daß das Rollenspiel kaum konkurrierende Vergleichsmöglichkeit der Spielpartner zuläßt. Es gibt in der Regel auch kein Ergebnis, bei dem es zu einem Erfolg oder Mißerfolg kommt. Das Rollenspiel wird dann befriedigend und harmonisch verlaufen, wenn die Spielpartner gut kooperieren, wenn jeder der Teilnehmer gemäß seiner individuellen Fähigkeiten und seiner Spielbedürfnisse weitgehend selbstbestimmt handeln kann und doch dabei die Bedürfnisse des Partners erfaßt und einbezieht. Aus diesen Gründen dürfte das Rollenspiel besonders geeignet sein, zukunftsorientierte Fähigkeiten einzuüben.

Wir müssen uns aber auch darüber klar sein, daß das Spiel stark von gesellschaftlichen Werten bestimmt wird und dazu beiträgt, sie aufzubauen. Zum Beispiel schränkt perfektionistisches Spielmaterial die Kreativität ein und fördert das von der Wirtschaft erwünschte Konsumverhalten, weil das detailliert ausgeführte Spielzeug dem Kind keinen Spielraum läßt und deshalb keinen eigentlichen Spielreiz bietet. Ein anderes Beispiel sind Kriegsspielzeuge, oder Würfelspiele, bei denen bestimmte Einstellungen beim Kind verfestigt werden sollen. Solche Einstellungen können durchaus erwünscht sein, wie beispielsweise bei Verkehrserziehungsspielen. Es können durch solche Spiele aber auch Einstellungen entwickelt und gefördert werden, die unsere eigentlichen Erziehungsziele von uns unbemerkt untergraben. Beispiele sind das Spiel Monopoly, bei dem die Ausnutzung des Partners und der materielle Gewinn belohnt werden, oder Malefiz, bei dem das Kind dem Partner Steine in den Weg zu legen hat, damit er nicht vorankommen kann. Um über das Spiel erwünschte Verhaltensweisen zu fördern, müssen Spielmaterialien gezielt ausgewählt und Spielregeln hinterfragt werden.

Das Spielmaterial sollte weitgehend einfach gestaltet sein und vielfältige Spielmöglichkeiten bieten, um durch die Offenheit eigenständige Handlungen zu ermöglichen. Es lassen sich auch viele Gegenstände aus dem Alltag, die nicht als Spielmaterial hergestellt wurden, einsetzen, zum Beispiel Verpackungsmaterial, Naturmaterialien, Kleidungsstücke als Anregung zum Rollenspiel. Solche Materialien haben den Vorteil, aus der Lebensumwelt des Kindes zu entstammen und nicht als reines Spielmaterial hergestellt worden zu sein. Häufig kann dieses Material wieder der alltäglichen Funktion zurückgegeben werden wie zum Beispiel eine Decke oder Wäscheklammern, so daß durch dieses Material Konsum eingeschränkt und Konsumdenken bei Kind und Erzieher reduziert wird.

Das Spielmaterial sollte möglichst langlebig sein, und zwar sowohl im Sinne der Haltbarkeit wie auch in bezug auf seine Einsetzbarkeit, d. h., es sollte vielseitig und für das Kind über mehrere Jahre reizvoll sein. Auch dadurch vermittelt das Spielmaterial Breite in der Spielmöglichkeit und reduziert das Konsumdenken.

Ein wesentlicher und zu berücksichtigender Aspekt bei der Spielauswahl sollte der offene Ausgang des Spiels sein, der das Kind dazu anregt, eigene Handlungsstrategien zu entwickeln. Dadurch kann das Kind neue und auch ungewöhnliche Wege erfinden und ausprobieren. Besonders bei Gemeinschaftsspielen sollte auf kooperative Spielregeln und verantwortungstragendes Spielverhalten des einzelnen geachtet werden. Es gibt beispielsweise zahlreiche Spiele, vor allem die Gewinnspiele, die gerade das Konkurrenzdenken fördern und festigen, weil der Sieg des einen das Verlieren des anderen bedeutet. Darüber hinaus gewinnt meist derjenige, der dem Partner am

besten und am skrupellosesten schaden konnte, zum Beispiel ihn hinauswirft, und zwar je näher am Ziel, desto besser.
Es kommen erst jetzt vereinzelt Gewinnspiele auf den Markt, bei denen der Sieg nicht auf dem Verlieren des Partners beruht. Hierbei wird nicht das Konkurrenzverhalten belohnt, sondern die beste Kooperation siegt. Man spielt nicht als einzelner gegen Partner, sondern grundsätzlich als Gruppenmitglied. Der Feind ist nicht der Partner, auch nicht eine andere Gruppe, sondern eine durch den Spielverlauf drohende Situation. Es gewinnt nicht der erste, der das Ziel erreicht hat, sondern man gewinnt nur, wenn alle Spielteilnehmer beispielsweise das Ziel einer gespielten Wanderung erreichen, bevor der Regen einsetzt.
Auch Spielmaterial, das zu gewalttätigen Handlungen und Denkweisen anregt, ist in Frage zu stellen, weil es die Imitation einer gewalttätigen Person herbeiführt und feindselige Gefühle durch das Spielen verstärkt. Dazu gehören zum Beispiel Kriegsspielzeug oder Autospiele, deren Sinn die Auslösung von Unfällen ist.
Zusammenfassend läßt sich sagen: Der Erzieher sollte das Spiel in doppelter Zielsetzung werten und nutzen: Einmal kann er durch das Spiel die spezifischen Fähigkeiten, die Spielen als solches voraussetzt und schult, im Kind erhalten und ausbauen. Zum anderen kann er durch den Einsatz gezielt ausgewählter Spiele bestimmte Fähigkeiten wecken und fördern.

1. Bewußte Wahrnehmung von Spielwirkungen
a) Spielen Sie bewußt »Mensch-ärgere-dich-nicht« und achten Sie darauf, was in Ihnen vorgeht, wenn Sie die Spielpartner hinauswerfen oder selbst hinausgeworfen werden.
b) Beobachten Sie ein Rollenspiel von Kindern und halten Sie Beispiele von Flexibilität und von Gefühlsausdrücken fest.

2. Untersuchung von Spielangeboten
Gehen Sie durch ein Spielwarengeschäft und betrachten Sie kritisch das Angebot.

3. Befragung nach Motiven
Befragen Sie Eltern und Verkäufer, nach welchen Motiven Spielmaterial gekauft und wieviel Geld in der Regel für ein Kind ausgegeben wird (z. B. zum Geburtstag oder zu Weihnachten).

4. Entwerfen eines Spiels
Entwerfen Sie ein Spiel, durch das eine Ihnen wichtig erscheinende zukunftsentsprechende Fähigkeit geschult wird.

Medien

In der Auseinandersetzung mit der Umwelt nehmen die Medien eine Rolle ein, die man sich in der Regel nicht genug klarmacht. Dies gilt sowohl für den Film und das Fernsehen, und für die rein akustische Form (Rundfunk, Platte) als auch für das geschriebene Wort und das Bild.
Die Medien erreichen heute aufgrund der technischen Möglichkeiten eine Vielzahl von Menschen, so daß in den Industrieländern so gut wie jeder in mindestens einer der genannten Formen Informationen erhält. Auch in den Nicht-Industrieländern nimmt die Zahl der Menschen, die über die Medien beeinflußt werden, ständig zu. Die weite Verbreitung der Medien und ihr starker Aufforderungcharakter motivieren den einzelnen, ihre Angebote wahrzunehmen. Das führt dazu, daß viele Menschen eine beträchtliche Zeit für diese Arten der Informationsaufnahme aufwenden.
Die verschiedenen Medien wirken in unterschiedlichen Formen auf den Menschen ein. Sie arbeiten zum Beispiel mit Wort, Musik, Farbe und Form. Sie können den Inhalt als Allgemeinaussage und im Beispiel bringen, als Gesamtschau

oder in Form eines Ausschnitts. Aus den Erkenntnissen über die Effektivität des Lernens weiß man, daß der Mensch bei gleichförmigen Darbietungen schneller ermüdet und deshalb ein Wechsel der Darbietungsmethoden seine Aufnahmefähigkeit verstärkt.
Deshalb ist der Gesamteinfluß der Medien überaus groß. Darüber hinaus wird der einzelne durch das Medium sowohl rational, wie auch emotional angesprochen, das heißt, er erhält sachliche Informationen, die zugleich durch den Gefühlsbezug untermauert und verstärkt werden. Man fühlt sich beispielsweise beim Lesen nicht nur wissensmäßig gefordert, sondern auch gefühlsmäßig berührt.

Die weite Verbreitung der Medien bewirkt, daß eine gesellschaftliche Erwartungshaltung hinsichtlich ihres Gebrauchs entstanden ist und auf den einzelnen ein Druck ausgeübt wird. So gehört beispielsweise ein ausgeprägtes Selbstbewußtsein dazu, keinen Fernseher anzuschaffen oder ohne Zeitung zu leben. Diese Erwartungshaltung der Umwelt kann so weit gehen, daß sogar Zurückhaltung bei einzelnen Beiträgen negativ bewertet wird, beispielsweise wenn bestimmte Fernsehsendungen nicht gesehen werden, erfolgreiche Schallplatten unbekannt sind oder populäre Illustriertenartikel nicht gelesen werden. Diese Erwartungshaltung von der Bezugsgruppe wirkt auf das Kind besonders stark, so daß es zum Beispiel oft Sendungen im Fernsehen sieht, weil es bei seinen Freunden mitreden möchte.

Die Wirkungen der Medien sind beim Kind und Jugendlichen grundsätzlich besonders groß, weil die Einstellungen noch nicht so festgelegt sind wie bei Erwachsenen. Vielfach kann der Erzieher nicht kontrollieren, wie stark und langfristig der Einfluß der Medien ist. Er kann zum Beispiel schwer erkennen, in welcher Form das Kind Informationen selektiert und damit aufnimmt und wie es sie verarbeitet. Beim Erwachsenen hängt die Selektion bei der Aufnahme der Informationen durch die Medien stark von seinen bereits aufgebauten

Einstellungen ab. Er kann eine Information häufig sofort in Beziehung setzen zu seinen Vorerfahrungen und seinen Einstellungen. Beispielsweise wird er eine Rede eines Politikers im Fernsehen im Spiegel seiner eigenen politischen Einstellung sehen, das heißt, er wird sofort aus seiner Sicht bewerten. Das Kind ist dagegen noch offener und kann deshalb auch noch nicht in diesem Umfang vom Standpunkt seiner Einstellungen her selektieren. Es stellt alle Informationen gleichwertig nebeneinander. Dadurch sind die Aussagen möglicherweise verwirrender, weil sie noch nicht so leicht einzuordnen und in Zusammenhänge zu stellen sind. Durch die mangelnde Selektion können Nebensächlichkeiten eine zu starke Dominanz in der subjektiven Verarbeitung erhalten. Beispielsweise kann das Kind von einem Teilausschnitt aus einer Sendung schwergewichtig beeinflußt werden, während wir Erwachsene ihn als beiläufige Begleiterscheinung sehen. Deshalb bergen die Medien eine Gefahr für das Kind beim Aufbau von Einstellungen und Verhaltensdispositionen.

Wenn das Kind im Westernfilm den Indianer als angriffslustig und brutal erlebt, kann es kaum erkennen, daß diese einseitige Darstellung als methodisches Mittel zur Spannungserhöhung dienen soll. Durch eine Häufung solcher Darstellungen wird es ein abwertendes und einseitiges Bild vom Indianer aufbauen.
Wenn im Comic die Geschäftstüchtigkeit und die Herablassung des Comic-Helden durch Anerkennung und Erfolg über andere belohnt werden, können diese Verhaltensweisen vom Kind leicht angestrebt werden. Nur wenn das Kind durch seine Umwelt in Gegenansichten gefestigt ist, kann es die Fragwürdigkeit eines solchen Verhaltens erkennen und sich mit dem Dargebotenen kritisch auseinandersetzen.
Ein Bericht, der die Naturzerstörung verharmlost und nicht genügend deutlich macht, beispielsweise ein Report über einen Kanalbau, kann beim kritischen Erwachsenen zur Hinterfragung führen. Er kann sich zum Beispiel über den Eingriff in biologische Regelkreise ein Bild machen, sofern die Erhaltung der Natur in seiner Grundeinstellung einen Platz hat. Das Kind dagegen ist diesem einseitigen Bericht ausgeliefert, wenn es nicht bei der Verarbeitung Hilfe erhält.

Die starke Einflußkraft der Medien auf das Kind darf aber nicht nur als Gefahr, sondern muß auch als Chance gesehen werden, angestrebte Einstellungen und Verhaltensweisen mit aufzubauen und zu festigen. Durch die Gestaltungsmöglichkeiten können die Medien Wirkungen herbeiführen, die in den lebendigen und komplexen Situationen des Alltags oft nicht erreichbar sind.

- Medien haben die Möglichkeit, jeden Ort der Welt heranzuholen und mit der gelebten Umwelt in Verbindung zu bringen. Sie können auch die Dimension der Zeit einbeziehen und sowohl Vergangenheit als auch Zukunft überzeugend darstellen. Die direkte Erzählung, die von Mensch zu Mensch geschieht, kann das natürlich auch. Sie wirkt aber subjektiver und hat nicht die gleichen Gestaltungsmöglichkeiten.
- Die Medien haben durch ihre technischen Darstellungsmöglichkeiten eine starke Überzeugungskraft, da sie eine ungewöhnliche Anschaulichkeit bieten können, z. B. indem sie einen Ausschnitt isoliert und vergrößert darstellen. Umgekehrt können aber auch komplexe Einflüsse aus dem Zusammenhang herausgelöst und auf einen Punkt bezogen werden;
Medien können Gefühle sichtbar machen;
sie können Vergangenes und Zukünftiges nicht nur durchdenken, sondern in Handlungen umsetzen;
es besteht die Möglichkeit, Abläufe zu raffen oder zu dehnen.
Die Veranschaulichung bedeutet besonders für das Kind eine Lernhilfe, die seiner spezifischen Aufnahmefähigkeit stark entgegenkommt.
- Durch ihre technischen Verarbeitungsmöglichkeiten und ihre künstlerischen Qualitäten können die Medien die Gefühle des Kindes oder des Erwachsenen ansprechen. Die Berührung im Gefühlsbereich bewirkt, daß der Mensch die Wahrnehmungen nicht mehr so rational filtert, sondern sich forttragen und als ganze Person ansprechen läßt. Deshalb bedeutet die Gefühlsansprache eine stärkere Wirkung auf Werthaltungen als rationale Einsichten, birgt aber auch die Gefahr, Informationen einseitig aufzunehmen.

• Die durch die Medien hervorgerufenen Gefühle bewirken eine Identifikation mit dem Geschehen. In der Identifikation entstehen im einzelnen Kräfte, die mobilisieren, Trägheit überwinden, Unbeweglichkeit aufweichen und eine Verhaltensänderung herbeiführen können.

Aufgrund dieser vielfältigen Wirkungen ist das Medium in besonderem Maß geeignet, Informationen zu vermitteln und Einstellungen aufzubauen. Deshalb muß die Bedeutung der Medien für zukunftsorientierte Erziehung hochgeachtet werden.
Sie können durch ihre technischen Möglichkeiten den einzelnen zu stärkerem Problemerkennen führen. Wenn sie inhaltlich entsprechend strukturiert sind, fördern sie partizipatorisches Denken, das heißt, das Gefühl für weltweite räumliche Zugehörigkeit. Sie könnten ebenfalls die Fähigkeit der Antizipation verbessern, wenn sie sich in größerem Maß mit neuen zukünftigen Situationen und Modellen befaßten.
Die Medien kommen häufig dieser Informationsaufgabe nicht nach, da sie nur Einzelfakten darstellen. Dadurch fehlt dem Aufnehmenden der globale Bedeutungszusammenhang der Mitteilung. Er erhält Teilstücke, kann das Gesamtbild aber nicht erkennen. Die Zusammenhänge sind sowohl schwerer darzustellen als auch schwerer zu erfassen. Sie werden von der Mehrheit nicht so interessiert aufgenommen und sind deshalb vom Produzenten her gesehen auch nicht so leicht absetzbar. Hier zeigt sich wieder unsere finanziell orientierte Wirtschafts- und Wertordnungen. Deshalb müßte im Sinne einer zukunftsorientierten Gesellschaftsveränderung sowohl auf die Einstellung der Medienhersteller (Produzent, Verleger, Verfasser) als auch auf den Konsumenten Einfluß genommen werden.

Durch die Vielfalt der Medieneinflüsse kann der einzelne abgestumpft und ermüdet werden. Er hat dann nicht mehr die Motivation und die Kraft, sich mit einem Beitrag auseinanderzusetzen. Er nimmt nur noch oberflächlich auf und wird letzt-

lich nicht berührt. Das bedeutet, daß das Kind lernen muß, aus der Vielfalt auszuwählen bzw. sich nur bestimmten Inhalten zuzuwenden. Um eine solche Strukturierung vornehmen zu können, benötigt es eine entsprechend vorbildhafte Umwelt. Darüber hinaus muß das Kind zu Einstellungen und Verhaltensweisen geführt werden, die ihm eine gezielte Auswahl ermöglichen. Dazu gehören Eigenwahrnehmungen, Bereitschaft, den eigenen Standort zu lokalisieren und zu überprüfen, Distanzierung von einer bequemen Konsumentenhaltung. Solche Fähigkeiten können durch Impulse, Gespräche und Verstärkungen im Alltag aufgebaut werden, es dürfte aber auch möglich sein, sie in gezielten Übungen funktionsorientiert zu erweitern und zu vertiefen.
Die Erziehung im richtigen Umgang mit Medien liegt einerseits in der oben dargestellten Hinführung zur gezielten Auswahl, zum anderen in der kritischen Auseinandersetzung mit dem jeweils aufgenommenen Inhalt. Dabei muß das Kind lernen, sich den Einfluß auf seine Gefühle und Einstellungen bewußt zu machen, denn diese Wirkung kann ausschlaggebender für sein Denken und Handeln sein als die sachliche Information. Häufig nimmt man das gefühlsmäßige Angesprochensein nicht wahr und bringt die Stimmungen unreflektiert in die sachliche Auseinandersetzung ein. Die Objektivierung des individuellen persönlichen Eindrucks sollte soweit möglich durch die gegenseitige Mitteilung von Gefühlen und Gedanken in der Gruppe erreicht werden. Diese Verarbeitung hilft dem einzelnen auch, Konsequenzen für sein Handeln abzuleiten, mit den gewonnenen Einstellungen in unterschiedlichen Situationen umzugehen und seine Erkenntnisse zu übertragen. Bei der Auswahl der Medien sollte deshalb darauf geachtet werden, daß Inhalt und Form Impulscharakter haben und zum Weiterdenken und zum Übertragen anregen. Ein einfaches Nachvollziehen vorgelegter Inhalte hilft dem Kind wenig und fördert Passivität und Konsumentenhaltung. Eine aktive Auseinandersetzung kann das Kind befähigen, eine reflektierte, fundierte und kritische Stellungnahme zu

geben. Unterstützt durch ein ausgebildetes Mitverantwortungsgefühl kann es andere beeinflussen und später auch in der Lage sein, dem Produzenten Rückmeldung zu vermitteln.

1. Reflexion über Medien

a) Gehen Sie einzelne Sendungen im Fernsehen durch und versuchen Sie abzugrenzen, inwieweit sie den einzelnen Zuschauer veranlassen, die Informationen aktiv zu verarbeiten und in sein Leben zu übertragen.
b) Versuchen Sie, diese Aufgabenstellung bei anderen Medien (Büchern, Schallplatten) anzuwenden.
c) Achten Sie bei dieser Analyse darauf, inwieweit zukunftsorientierte Beiträge enthalten sind, und ob in diesen Beiträgen Zusammenhänge aufgezeigt werden.

2. Bearbeitung von Medien mit Kindern

a) Wählen Sie eine Kindersendung im Fernsehen aus, die Ihnen für eine zukunftsorientierte Erziehung von Bedeutung erscheint. Betrachten Sie diese Sendung mit Kindern und versuchen Sie anschließend, die gewonnenen Eindrücke mit den Kindern aufzuarbeiten.
b) Nehmen Sie solche Nachbesinnungen mit Kindern bei geeigneten Beiträgen anderer Medien vor, zum Beispiel Bücher, Schallplatten, Comics, Jugendzeitschriften.

3. Herstellung eines Mediums

Bringen Sie einen Gedankengang in die Form eines Mediums, mit Hilfe dessen Sie den Inhalt vervielfältigen oder reproduzieren können, so daß Sie den Inhalt wiederholt anderen mitteilen können. Beachten Sie dabei, wie weit die Auseinandersetzung mit der Gestaltung Ihre Motivation und Ihre Vertiefung in die Thematik beeinflußt. Wenn Sie diese Aufgabe mit Kindern durchführen, versuchen Sie, ihnen technische Möglichkeiten durchschaubar zu machen.

Arbeitshinführung

Die heutige Arbeitswelt ist in der Regel gekennzeichnet durch starken einseitigen Streß und durch eine deutliche Abgrenzung zur Freizeittätigkeit. Der einzelne ist bereit, den Arbeitsstreß und das Unbefriedigtsein in der Arbeit in Kauf zu nehmen und zu erhöhen, wenn das materielle Ergebnis und damit die gesellschaftliche Anerkennung steigt. Ein gewisser Wert kann noch derjenigen Arbeit zugemessen werden, die zwar kein Geld einbringt (Ehrenamt), dafür aber unmittelbar gesellschaftliche Anerkennung. Die eigene Befriedigung in der Tätigkeit ist zur Zeit kein Maßstab für ihren gesellschaftlichen und damit auch für ihren persönlichen Wert. Eine ähnliche Lebenserfahrung macht das Kind, wenn von ihm einseitige Aktivität zum Beispiel im kognitiven Bereich abverlangt wird. Das Kind wird diese Arbeitsphase als starke Abgrenzung zur restlichen Zeit empfinden, in der es eigene Bedürfnisse stillt und Zwänge weniger spürt. Dadurch führen sowohl die durch die Erwachsenenwelt vorstrukturierte Lebens- und Handlungsweise des Kindes wie auch die erlebten Verhaltensweisen der Erwachsenen zu eben dieser Einstellung zur Arbeit. Eine solche Einstellung endet aber, wie wir heute wissen, in Irrwegen. Um diesen Kreislauf zu durchbrechen, muß das Kind durch sein eigenes Handeln zu einer anderen Arbeitseinstellung und Arbeitsweise hingeführt werden.
Ansätze hierzu wären beispielsweise:

- Die Abgrenzung zwischen Handlungen als Arbeit im Sinne (finanziell) honorierter Leistungen und solche Handlungen, die eigene und fremde Bedürfnisse stillen, müßte verringert werden. Aus der Sicht der heutigen gesellschaftlichen Normen zählt informelle Arbeit nicht als »Arbeit«. Zum Beispiel haben soziale Dienste, kreative und musische Tätigkeiten oft nicht den Ernstcharakter bezahlter Arbeit und werden entsprechend weniger gewertet. Handlungen, die dem Wohl des einzelnen, auch der eigenen Person dienen, würden durch die gesellschaftliche Aufwertung mehr Bedeutung erlangen, zum

Beispiel das helfende Gespräch mit dem Nachbarn, die Initiative, sich bei einer Resignation Hilfe bei einem anderen Menschen zu holen, das Erledigen eines Einkaufs für den anderen.

• Es muß angestrebt werden, daß die Lernprozesse nicht wie vielfach bisher in künstlich geschaffenen Situationen ablaufen, sondern soweit wie möglich dem alltäglichen Lebensbereich entspringen und gezielt dort eingeplant werden. Das würde bedeuten, daß der lebensabgehobene Leistungsbereich reduziert und die lebensintegrierte Leistung höher bewertet würde. Zum Beispiel wird heute oft im Kindergarten Sprache in einer Übungsstunde an Bildmaterial geschult, wobei das Kind aber nicht lernt, dem Erzieher Gefühle und Bedürfnisse mitzuteilen. Würde dieses Mitteilen aufgewertet und als Lernprozeß geschult, könnte eine solche lebensintegrierte Lernhandlung neue Lernmotivationen und soziale Handlungen nach sich ziehen, etwa daß das Kind versucht, nicht nur mitzuteilen, sondern den Partner auch zu verstehen (Empathie).

Im Physikunterricht werden Lichtreflexe berechnet, die für den Schüler ohne jeden Lebensbezug sind, während für ihn die elektrischen Zusammenhänge in seinem Lebensalltag zu wenig durchschaubar und deshalb auch nicht anwendbar sind. Die Übertragung in den Lebensalltag des Kindes leistet die Schule nicht. Damit baut sie vielfach Lernergebnisse auf, die zunächst gespeichert werden und in den entsprechenden Lebenssituationen vom Kind eigentlich abgerufen werden müßten. Diese Umsetzung ist für das Kind allein schwierig.

• Es muß stärker angestrebt werden, daß der Lernende komplexe Handlungsabläufe durchschaut, so sollte dem Kind z. B. der Gesamtzusammenhang dargestellt werden, auch wenn es selbst nur einen Teil der Gemeinschaftarbeit übernimmt. Auch die Unterschiedlichkeit der Sinnbezüge (*Club of Rome* 1980, S. 44 ff.), die eine Situation oder ein Ablauf bergen, muß dem Kind verdeutlicht werden. Damit ist gemeint, daß eine Tatsache oder Tätigkeit unterschiedlich interpretiert werden und damit voneinander abweichende Bedeutungen erhalten kann.

Beispiel: Im Rollenspiel wird der gleiche Ablauf aus der Sicht mehrerer Beteiligter gespielt, wobei die verschiedenartige Betroffenheit der Partner und damit deren variierende Gewichtung des Geschehens deutlich herausgeholt werden soll.
Es ist wichtig, daß der Erzieher die Aktivitäten der Kinder nicht nach den materiellen Ergebnissen auswählt (zum Beispiel: wie brauchbar ist das Ergebnis?), sondern nach der Bedeutung der damit verbundenen Handlungen sowie nach der Selbständigkeit, mit der sie ausgeführt werden können. Ein negatives Beispiel wäre: ein vom Erzieher stark vorstrukturierter Arbeitsablauf im Werken, der durch die detaillierte Vorgabe wirkungsvolle Ergebnisse erzielen soll. Dies geschieht vor allem dann, wenn die Fähigkeiten der Kinder noch nicht ausreichen, um ein anerkanntes Resultat zu garantieren: der Körper und die Ohren für den Osterhasen werden vom Erzieher vorgefertigt, so daß das Kind nur die vorgegebenen Dinge zusammensetzt. Für den oberflächlichen Betrachter sind die detailliert vorgegebenen Hasen wirkungsvoller.
Eine Hinführung in die Arbeitswelt, die Handlungen in einen Sinnzusammenhang mit dem Lebensalltag stellt und dementsprechend gewichtet, wird heute in vor- und außerschulischen Bildungseinrichtungen (sozialpädagogische Einrichtungen) stärker geleistet als in den Schulen.
In der Schule wird Leistung in starkem Maß abgegrenzt vom Leben, sie wird betont gemessen, damit auch in einen ständigen Vergleich (Konkurrenz) gebracht und einseitig bewertet. Gerade das Curriculum Soziales Lernen mit seiner starken Bindung der Lernhandlungen an Lebenssituationen des Kindes und mit seiner Verknüpfung von instrumentellem Lernen mit sozialem Handeln dürfte ein guter Ansatzpunkt für eine andere Arbeitshaltung und Arbeitsbewertung bringen. Hier werden Tätigkeiten und Fähigkeiten, die im späteren Leben in den meisten Fällen in dem Freizeitbereich als Entspannung angesiedelt und damit ökonomisch weniger verwertbar angesehen werden, aufgewertet und als Inhalte eines

Lernfeldes bewußt gemacht. Das Kind lernt zugleich, diese »weniger verwertbaren« Tätigkeiten in den Lebensprozeß einzubringen und auch mit ihnen gefragte Ergebnisse zu erzielen.

Die Integration eines Außenseiters - auch beispielsweise eines behinderten Kindes - in die Gruppe oder auch das Gruppenverhältnis selbst wird zum Lernerfolg. Damit wird durch gemeinsame, meist spielerische, in sich befriedigende, aber zugleich gezielte Tätigkeiten eine Lebenssituation verändert und ein erstrebtes Ergebnis erreicht, das auf andere Situationen übertragbar ist.
Das Anlegen eines Gartens durch Kinder wird Anlaß zur Erkundung von Lebensbedingungen einer Pflanze. Biologisches Wissen wird damit für eine Handlung herangeholt, die dem Kind Befriedigung bietet und in den augenblicklichen Lebensbezug sowie in zukünftige Handlungsalternativen eingebettet ist. Zugleich erfährt das Kind ein für die Zukunft notwendiges Lernen, nämlich das Erwerben bestimmter Kenntnisse und Fähigkeiten im Umgang mit der Natur, um in der gegebenen Situation verantwortungsbewußt handlungsfähig zu werden.
Das Erstellen eines »Hauses« aus einem großen Verpackungskarton ist Lern- und Spielfeld zugleich. Durch das Erstellen werden instrumentelle Fähigkeiten, die für das Arbeitsergebnis erforderlich sind, erlernt, früher erlernte werden angewendet, und doch steht die gesamte Tätigkeit unter dem Aspekt, sich in seinem Aktivitätsdrang lustbetont zu betätigen, ohne gefragte Lernergebnisse in den Mittelpunkt zu stellen.
Der Laternenumzug durch das Gemeinwesen bedeutet mit all seinen Vorbereitungen mehr als ein Spiel oder ein Fest, es ist Ernst und ein Leistungsbeweis für das Kind und schließt es in die größere Gemeinschaft ein. Damit erlebt das Kind, daß sein Beitrag eine Bedeutung hat.

Für ein verantwortungsbewußtes Handeln und Arbeiten im Hinblick auf die Zukunft ist es erforderlich, daß der Mensch seinen Arbeitsbeitrag, sei es der institutionelle oder informelle, in einen Gesamtzusammenhang stellt. Heute sieht ein Großteil der (unselbständigen) Arbeitnehmer die eigene Arbeit vorrangig im Zusammenhang mit dem Verdienst. Seine Arbeitsleistung in einen globalen Zusammenhang zu stellen, hat er nie gelernt und fühlt sich auch dazu kaum veranlaßt. Auch die informelle Arbeit (zum Beispiel im Haushalt oder dem Garten) wird häufig nur im Blickfeld des gegenwärtigen Nutzens gesehen. Das bedeutet, daß der einzelne fremdbestimmt seinen Beitrag leistet, ein verantwortliches Denken und Mitbestimmen dagegen für ihn fast unmöglich wird. Damit wird weder räumliches partizipatorisches Denken noch zeitdimensionales antizipatorisches Denken genügend einbezogen.

1. Durchdenken des Alltags und Übung mit Partnern
Suchen Sie in Ihrem Alltag Beispiele für Aktivitäten, die von Ihnen Engagement und Fähigkeiten verlangen, gesellschaftlich aber nicht hochbewertet werden. Übertragen Sie Ihre Erkenntnisse auf Ihre Umwelt und versuchen Sie, solche Aktivitäten, die Sie in Ihrer direkten Umgebung beobachten, aufzuwerten. Teilen Sie diese Einschätzung dem Betreffenden mit. Welche Reaktionen erleben Sie?

2. Aufwertung informeller Arbeit bei Kindern
Übertragen Sie die neu durchdachte Einstellung zur Arbeit auf die Erziehung. Benennen Sie konkrete Tätigkeiten von Kindern, die Sie danach aufwerten müßten. Überlegen Sie, wie Sie in der Praxis eine solche Aufwertung vornehmen können.

3. Verbindung von Arbeit und Spiel bei Kindern
Führen Sie mit Kindern Aktivitäten durch, bei denen bewußt Arbeit und Spiel gekoppelt wird. Sorgen Sie dafür, daß eine Trennung zwischen Aktivitäten, die der Leistung wegen erbracht werden, und solchen, die in sich Befriedigung bieten, nicht erkennbar wird.

4. Reflexion: Wie bringe ich mich ein?
Durchdenken Sie, inwiefern Sie Ihre institutionelle und Ihre informelle Arbeit partizipatorisch und antizipatorisch in einen globalen Zusammenhang stellen können, das heißt: inwieweit können Sie Ihre Arbeit mit Ihrem zukunftsorientierten Standort in Einklang bringen?

Als Kriterium für die Zusammensetzung von Lerngruppen gilt häufig der gleiche Leistungsstand der Gruppenmitglieder. Die Lernenden werden von einer Führungsperson mit entsprechendem Leistungsvorsprung gelenkt. Die Schule ist ein typisches Beispiel für dieses Vorgehen.
Der Abstand zwischen dem wissenden Leiter und der lernenden Gruppe ist bei leistungshomogener Zusammensetzung groß. Interaktionen zwischen dem Leiter und den Gruppenmitgliedern sind auf gleicher Ebene kaum zu verwirklichen. Die Lernenden empfinden sich deshalb nicht als selbständig sondern als abhängig. Das Leistungsverhalten kann letztlich nicht dem Anspruch des demokratischen Führungsstils entsprechen, weil die Gruppenmitglieder den Abstand als zu groß empfinden müssen und sich nicht selbstbewußt genug einbringen können.
Der einzelne in der Gruppe erlebt sich als einer unter vielen. Er spürt, daß er durch die Gleichstellung an Individualität verliert. Sein Bedürfnis nach Originalität und Einmaligkeit wird in der leistungshomogenen Gruppe wenig berücksichtigt. Damit leidet der Aufbau des Selbstbewußtseins.
Um aus dieser geringen Persönlichkeitsbewertung herauszukommen, muß das Gruppenmitglied ein auffallendes Verhalten zeigen. Seine Verhaltensänderungen wird der einzelne wahrscheinlich zunächst in solchen Bereichen anstreben, in denen er vom Leiter und den anderen Gruppenmitgliedern Anerkennung erwarten kann. Wenn er dies nicht erlebt, wird er solche Verhaltensweisen zeigen müssen, die negativ bewertet werden. Dabei müssen der Leiter und die Gruppenmitglieder nicht die gleiche Bewertung vornehmen. Das bedeutet, daß die einzelnen Verhaltensweisen unterschiedliche Gefühle und dementsprechend auch verschiedene Reaktionen hervorrufen.
Diejenigen in der Gruppe, die mit den Leistungsanforderungen nicht Schritt halten können, geraten auch in eine Sonder-

stellung. Sie werden sich als minderwertig vorkommen, Ihr Selbstbewußtsein wird absinken.
Das Leben in der Gruppe wird durch die gegensätzlichen Erfahrungen bei diesem Leistungsvergleich zugleich lustbetont und angstbesetzt. Das Gruppenmitglied erlebt einerseits den Reiz, sich mit der Gruppe zu messen, andererseits entwickeln sich dabei Ängste, die allerdings häufig unterdrückt und so nicht wahrgenommen werden. Sie äußern sich aber zum Beispiel in Rückzugsverhalten oder Aggressivität.

Unterschiedliche Leistungen sind in der altersheterogenen Gruppe selbstverständlich, weil der einzelne verschiedene Voraussetzungen mitbringt. Gleiche Maßstäbe werden deshalb nicht angelegt. Damit muß das Gruppenmitglied sich auch nicht an einer festgelegten Erwartungshaltung messen. Es erlebt weniger als in der homogenen Gruppe, daß es versagt und braucht deshalb auch keine Angst vor einem Versagen zu haben. Es weiß auch, daß seine schwächere Leistung akzeptiert wird, weil die Gruppe ständig übt und beweist, daß sie unterschiedliche Leistungen verwertet. Bei gemeinsamen Handlungsstrategien wird gelernt, die einzelnen Partner mit ihren individuellen Möglichkeiten einzubeziehen. Dabei erfährt jeder, daß auch bei unterschiedlichen Fähigkeiten ein Ziel gemeinsam erreicht werden kann. Die gesamte Lern- und Lebenswelt einer heterogenen Gruppe läßt vielfältigere Möglichkeiten zu, weil sowohl die angestrebten Ziele wie auch die einzubringenden Beiträge durch die individuellen Unterschiede zahlreicher und qualitativ anders geartet sind als in der leistungsgleichen Gruppe. Leistungsvergleiche werden in der Regel nicht vorgenommen, deshalb wird Konkurrenzdenken in der heterogenen Gruppe reduziert.
In solchen Lerngruppen kann der einzelne die eigene Lernlücke durch Vergleich mit den unterschiedlich fortgeschrittenen Lernpartnern wahrnehmen und die Lernschritte, die er zu gehen hat, konkret erleben. Dadurch wird er ermutigt und lernt, sich selbst mit seinen Möglichkeiten realistisch einzu-

schätzen und den eigenen Beitrag, auch wenn dieser nur einen sehr kleinen Teil des Projektes betrifft, selbstbewußt einzubringen.
Die Erfahrungen, die der einzelne durch die verschiedenen Gruppenmitglieder und deren unterschiedliche Beiträge gewinnt, bieten ihm auch Übertragungsmöglichkeiten. Er ist wahrscheinlich besser in der Lage als ein Mitglied aus homogenen Gruppen, komplexe Situationen differenziert wahrzunehmen. Das ständige Umgehen mit unterschiedlichen Voraussetzungen und Fähigkeiten hilft ihm darüber hinaus, diese Gegebenheiten realitätsbezogen zu bewerten.
Man kann durch die differenziertere Sicht einer Situation leichter dazu geführt werden, sich verantwortungsbewußt einzubringen und Veränderungen vorzunehmen. Dies ist möglich, weil man dann die Zusammenhänge besser durchschaut. Dazu kommt, daß man in der heterogenen Gruppe immer zugleich Lernender ist, der von anderen etwas zu erfahren hat, und Lehrender für diejenigen, die noch nicht so weit sind. Der einzelne in der heterogenen Gruppe wird individueller beansprucht und gerät deshalb selten in die Rolle des Mitläufers. Aus diesen Aspekten ergibt sich, daß die heterogene Gruppe geeigneter ist, Teilverantwortungen zu schulen. Jedes Gruppenmitglied ist gewohnt, Initiative zu ergreifen und wird deshalb in seinem Handeln eher dazu neigen, zu initiieren anstatt nur zu reagieren.
Heute haben wir in der Schule kaum heterogene Lerngruppen, wohl aber in sozialpädagogischen Einrichtungen. Es müßten überall, wo gezielte Lernprozesse ablaufen sollen, heterogene Gruppen angestrebt werden. Die schulisch ausgerichteten Institutionen gehen von homogenen Gruppen aus, weil ihre Zielsetzung vorrangig in der Vermittlung von Wissen und Fertigkeiten gesehen wird. Andere Fähigkeiten wie beispielsweise Eigenständigkeit und Selbstbestimmung im Denken und Handeln werden weniger beachtet. Das methodische Vorgehen richtet sich deshalb auch weniger nach diesen Zielen aus. Kenntnisfortschritte und Ergebnisse in Fertig-

keiten sind in homogenen Gruppen leichter zu erreichen. Heterogene Lerngruppen werden deshalb in der Schule schwer Eingang finden können, solange die Schule ihre Zielsetzungen nicht verändert und zum Beispiel das Finden von Lösungen für Lebenssituationen als Lernziel nicht stärker gewichtet. Konsequenterweise müßte das Lernen weitgehend aus der Lerninstitution hinausverlagert werden in das Leben selbst und die heterogene gesellschaftliche Gruppe im Gemeinwesen müßte zum Lernort werden. Dann wären es auch nicht mehr die Kinder allein, die die Lernenden sind, und auch nicht nur eine Gruppe Erwachsener, die lehrt.

Alte Menschen haben beispielsweise Qualifikationen, die von Kindern und der leistungsstarken Gruppe der Berufstätigen gelernt werden müssen, um angestrebte Veränderungen zu erreichen. Hier ist zu denken an Werthaltungen und Befähigungen, die früher einmal erworben worden waren, zwischenzeitlich aber nicht angewandt werden konnten. Zum Beispiel Handarbeit anstelle von Energieverbrauch, Sparsamkeit, Genügsamkeit und Bedürfnisaufschub. Hinzu kommen die Einstellungen und Verhaltensweisen, die der aus dem Erwerbsprozeß ausgeschiedene Mensch sich in der neuen Lebenssituation angeeignet hat. Hierzu zählen Gelassenheit und Ruhe für soziale Beziehungen. Solche Fähigkeiten kann der ältere Mensch weitergeben, weil sie sich nicht nur auf seinen Lebensabschnitt beziehen dürften.

Es ist deshalb nicht auszuschließen, daß sich ein völlig neues Bild von Schule und Berufsausbildung in den nächsten Jahren entwickeln kann. Es würde dann in weit stärkerem Maße in der Lebens- und Berufssituation gelernt. Durch Arbeit an Projekten würde praktisches und theoretisches Lernen verbunden. Entsprechende Ansätze werden bereits in Modellen praktiziert.

In einer solchen neuen Strukturierung des Lernens und Zusammenlebens könnten Hoffnungen für die Bewältigung unserer Zukunft liegen. Das setzt aber voraus, daß Erziehung ernster genommen wird als bisher und daß die Gesellschaft bereit ist, mehr (an Geld, Zeit und Engagement) zu investieren, um in und mit der heranwachsenden Generation die begangenen Fehler, soweit sie irreparabel sind, auszugleichen und neue Wege zu suchen.

1. Vergleich von Lernerfahrungen in unterschiedlichen Gruppen
Durchdenken Sie, wann Sie in Ihrem Leben in homogenen und wann in heterogenen Gruppen lernten. Wie unterschiedlich waren Ihre Erfahrungen? In welchen Lerngruppen fühlten Sie sich wohl? Wie wurden Sie durch die Lernpartner motiviert?

2. Bewußtmachung von Lernsituationen
Vergegenwärtigen Sie sich Situationen, in denen Sie von jungen Menschen lernen oder gelernt haben. Hat dieses Lernen Sie beeindruckt?

3. Umsetzung: Das Gemeinwesen als Lernort für die Kinder
Gehen Sie von einer Ihnen bekannten Kindergruppe aus. Durchdenken Sie konkrete Möglichkeiten, bei denen Sie den Lernort dieser Gruppe ins Gemeinwesen verlagern könnten. Planen Sie dabei weitmöglichst ein, daß die Kinder nicht nur Lernende sind, sondern auch etwas vermitteln. Versuchen Sie bewußt, die ältere Generation einzubeziehen. Achten Sie dabei darauf, daß die älteren Menschen nicht nur als die Empfangenden behandelt werden, sondern mit ihren Fähigkeiten aktiv einbezogen werden.
Führen Sie Ihre Planungen weitmöglichst durch!

4. Realisierung im eigenen Leben
- Vergegenwärtigen Sie sich, welchen heterogenen Charakter die Bezugsgruppen an Ihrem Arbeitsplatz und in anderen für Sie wichtigen Lebenssituationen haben.

- Klären Sie Ihre persönliche Position in diesen Gruppen ab.
- Betrachten Sie kritisch Ihre Wirkung auf diese Bezugsgruppen. Gehen Sie dabei von Ihrer jeweiligen Position aus.
- Unterscheiden Sie denkbare Wirkungen von den real zur Geltung kommenden.
- Überlegen Sie, wie Sie diese jeweiligen Positionen mit ihren Wirkungsmöglichkeiten nutzen müßten, um zukunftsorientiert zu beeinflussen.
- Konkretisieren Sie die Unstimmigkeiten zwischen den eben gefundenen Möglichkeiten und Ihrem tatsächlichen Handeln.
- Entwickeln Sie mögliche Vorgehensweisen, die festgestellten Unstimmigkeiten in Ihrer Lebenssituation abzubauen.
- Setzen Sie einen Schwerpunkt, der Ihnen wichtig und machbar erscheint, mit dem Sie konkret beginnen.

9 Ernstcharakter der erzieherischen Situation

Verdeutlichen wir uns die verantwortungsvolle Position, die der Pädagoge einnimmt:
Die Bewußtwerdung, daß wir an einer Zeitwende stehen, dürfte nach einer Anlaufphase jetzt rapide steigen. Mit der Bewußtseinsveränderung entsteht ein Unbehagen und eine Suche nach Alternativen. Wenn sich mit zunehmender Bewußtwerdung das erkennbare Ausmaß der irreparablen Schäden erweitern wird, werden wir bereiter für Veränderungen werden. Die daraus entstehenden hoffnungsvolleren Prognosen über die Veränderbarkeit des Menschen können konstruktive Ansätze hervorrufen. Allerdings darf durch Optimismus der Ernst und die Gefahr unserer bedrohlichen

Situation nicht heruntergespielt werden. Unbestreitbar ist eine zunehmende Geschwindigkeit, mit der wir solche irreparablen Prozesse in die Wege leiten und verstärken. Wie schnell wir eine Katastrophe auslösen, können wir noch nicht ermessen, ebensowenig wieviel Zeit uns bleibt, in er wir noch vom bisherigen Weg abbiegen können, bevor es zu spät ist. Sicher ist nur, daß durch eine Verringerung der Geschwindigkeit die ungeheure Problematik nicht zu lösen ist.

Unsere Neigung, die auslösende Initiative den Politikern zuzuschieben, könnte tödliche Folgen haben, da die Politiker auf demokratischem Weg nur handeln können, wenn die Gesellschaft sich verändert hat und bereit ist, politische Entscheidungen mitzutragen.

Eine der verantwortungsvollsten Aufgaben dürfte deshalb dem Pädagogen zu kommen, da er an der Formung der jeweils nächsten Generation am stärksten mitwirkt. Durch die beginnende Bewußtseinsveränderung und die daraus entstehende Lernbereitschaft sind für ihn heute günstige Bedingungen geschaffen, so daß seine Bemühungen zu einem Erfolg führen könnten.

Kritische Gruppen der jungen Generation gehen zwar auch ohne gezielte pädagogische Lenkung neue Wege. Ansätze dazu sind in Vergangenheit und Gegenwart reichlich zu finden. Sie enden aber teilweise in Resignation und einer Rückkehr zum herkömmlichen Leben oder in isolierten Einzelaktionen, die auf die breite Masse fast ohne Erfolg bleiben (z. B. Alternativgruppen), oder in Protestaktionen, die auf die Masse in der Regel wiederum nicht mitreißend wirken können.

Um in der Gesellschaft insgesamt eine Veränderung hervorzurufen, ergibt sich die Handlungsaufforderung an den Pädagogen. Damit hat der Pädagoge - sowohl der forschende wie auch jeder einzelne Praktiker - eine ungeheure Aufgabe. Wenn er seinen Platz nicht einnimmt - aus was für Motiven auch immer -, wenn er nicht verantwortungsbewußt mitarbeitet, trifft ihn später der härteste Vorwurf, sofern noch jemand da ist, ihm Vorwürfe zu machen.

Insbesondere sollten Ausbildungsstätten für pädagogische Berufe an Strukturen ihrer Lehre und ihrer Lernziele arbeiten. Dabei kommt es hier vorerst nicht darauf an, auf die Forschung (z. B. die Erstellung neuer Curricula für den Unterricht) zu warten, sondern den Bewußtmachungsprozeß im angehenden Pädagogen zu stärken. Die Ansätze, die in der jungen Generation stärker vorhanden sind, als schlechthin angenommen wird, müssen unterstützt werden. Wenn wir die beginnende Bewußtseinsveränderung und damit die drängende Bereitschaft des angehenden Pädagogen, an den Veränderungen mitzuarbeiten, nicht auffangen, wenn wir eine heile Welt vortäuschen und von ihm nur herkömmliche Qualifikationen abverlangen, bereiten wir ihn nicht auf seine wirkliche Praxis vor. Im Gegenteil, wir legen ihm Steine in den Weg und erreichen bestenfalls, daß er seine Lehrer nicht ernst nimmt. Er wird dann – wenn überhaupt – seine eigentliche berufliche Ausbildung nicht in der Ausbildungsstätte selbst, sondern außerhalb erwerben, durch Kontakte in Kreisen, die einen Schritt weiter sind.

Aufgabe einer pädagogischen Ausbildungsstätte muß es jetzt sein, dem zukünftigen Pädagogen im Rahmen der augenblicklichen Möglichkeiten das optimale Rüstzeug für seine zukunftsorientierte Arbeit mitzugeben. Dieses Rüstzeug besteht möglicherweise »nur« darin, den Bewußtmachungsprozeß in die Ausbildung (und Fortbildung) einzubeziehen und Mut zu machen. Es kommt nicht darauf an, dem jungen Menschen fertige Lösungen zu bieten, sondern ihn wach zu machen, damit er in seinen zukünftigen Situationen nicht im Nachhinein reagieren muß, sondern in Entwicklungen initiativ eingreifen kann.

Literatur

ABC team: Einfacher leben ist nicht einfach. Wuppertal 1980
Adams, R.: Die Natur bei Tag und Nacht. Aarau 1979
Akpinar, Ü./López-Blasco, A./ Vink, J.: Pädagogische Arbeit mit ausländischen Kindern und Jugendlichen. München 1980[3]
Amery, C.: Natur als Politik. Reinbek 1976
Arbeitsgruppe Vorschulerziehung: Anregungen I: Zur pädagogischen Arbeit im Kindergarten. München 1973
Arbeitsgruppe Vorschulerziehung: Anregungen II: Zur Ausstattung des Kindergartens. München 1973
Arbeitsgruppe Vorschulerziehung: Anregungen III: Didaktische Einheiten im Kindergarten. München 1976
Bieger, E./Grüner, K./v. Lübtow, J./Roßkopf, H./Thewalt, B.: Medienpädagogik. Köln 1980
Binswanger, H. Ch./Geisberger, W./Ginsburg, T. (Hrsg.): Wege aus der Wohlstandsfalle. Frankfurt 1979
Bolscho, D./Eulefeld, G./Seybold, H.: Umwelterziehung. München 1980
Bossel, H.: Bürgerinitiativen entwerfen die Zukunft. Neue Leitbilder - Neue Werte. Frankfurt 1978
Brun, R. (Hrsg.): Die tägliche Revolution. Möglichkeiten des alternativen Lebens in unserem Alltag. Frankfurt 1978
Buch, H. Ch. u. a. (Hrsg.): Tintenfisch 12. Thema Natur. Berlin 1977
Bundesministerium des Innern: Umwelt. Information des Bundesministers des Innern zur Umweltplanung und zum Umweltschutz Nr. 58. Bonn 1977
Bundesministerium des Innern: Was Sie schon immer über Umweltschutz wissen wollten. Stuttgart, Berlin, Köln, Mainz 1980
Bundeszentrale für politische Bildung (Hrsg.): Zeitlupe 9. Umwelt – Umweltschutz. Bonn 1979
Club of Rome (*Peccei, A.* Hrsg.): Zukunftschance Lernen. Wien 1979, München 1980
Colberg-Schrader, H./Krug, M.: Arbeitsfeld Kindergarten. München 1977
Croissier, S. u. a.: Elementarspiele zum sozialen Lernen. Weinheim 1979
Deutscher Bildungsrat: Gutachten und Studien der Bildungskommission (Band 47). Die Eingangsstufe des Primarbereichs. Band 1: Ansätze zur Entwicklung. Stuttgart 1975

Duve, F. (Hrsg.): Sanfte Technik. Reinbek 1978
Duve, F. (Hrsg.): Die Zukunft der Ökonomie, 1. Teil. Reinbek 1978
Eckardt, E./Knauer, S.: Kein schöner Land. Hamburg 1979
Evangelische Jugend, Landesjugendpfarramt Hannover: In Grenzen leben - zur Hoffnung berufen. Hannover 1978
Ewers, M.: Menschliche Natur und Umwelterziehung. Bensheim 1981
Fetscher, I.: Überlebensbedingungen der Menschheit. München 1980
Der Fischer Öko-Almanach. Hrsg. Gerd Michelsen u. a. Frankfurt 1980
Fischer-Weltalmanach 1981. Frankfurt 1980
Flad-Schnorrenberg, B.: Unser Partner Natur. Erkundungsfahrten zwischen Seveso und den Galapagosinseln. Freiburg 1980
Frey, K.-H./Stottele, T./Weichert, Ch.: Bäume sterben leise. Schüler kämpfen gegen den Baumtod. Weinheim 1976
Fricke, E. u. a.: Beteiligung und Qualifikation. Das Peiner Modell zur Humanisierung der Arbeit. In: DGB Gewerkschaftliche Bildungspolitik. Die Ergebnisse des Peiner Projekts zur Humanisierung der Arbeit. Heft 8 (1980), S. 272 - 274
Friends of the Earth (Hrsg.): Sonne - Eine Standortbestimmung für eine neue Energiepolitik. Frankfurg 1979
Frisch, F.: Klipp und klar. 100 x Energie. Mannheim 1977
Fritz, M./Teufel, D.: Klipp und klar. 100 x Umwelt. Mannheim 1977
Fromm, E.: Haben oder Sein. München 1979
Gronemeyer, R. (Hrsg.): Anders leben - überleben. Frankfurt 1978
Gruhl, H.: Ein Planet wird geplündert. Die Schreckensbilanz unserer Politik. Frankfurt 1975
Hagemann, W./Neubauer, W./Tulodziecki, G./Zimmermann, D.: Medienpädagogik. Köln 1979
Haub, F./Witthöft, W.: Umweltschutz in Unterrichtsbeispielen. München 1979
Hielscher, H. (Hrsg.): Materialien zur sozialen Erziehung im Kindesalter. Heidelberg 1976
Hielscher, H.: Sozialerziehung konkret. Hannover 1978
Höper, C.-J. u. a.: Die spielende Gruppe. Wuppertal 1977[6]
Hollstein, W./Penth, B.: Alternativprojekte. Reinbek 1980
Huber, J. (Hrsg.): Anders arbeiten - anders wirtschaften. Frankfurt 1979
Illich, I.: Schulen helfen hicht. Reinbek 1979[5]
Illich, I.: Selbstbegrenzung. Reinbek 1975
Jugendschriftenausschuß in der GEW Hamburg: Unterrichtsmaterialien zum Thema Umweltzerstörung - Umweltschutz. In: Jahr-

buch für Lehrer 4. Hrsg. von J. Beck und H. Boehmke. Reinbek 1979, S. 317 - 323
Jungk, R./Müller, N.R. (Hrsg.): Alternatives Leben. Baden-Baden 1980
Jungk, R.: Zukunftsorientierte frühkindliche Erziehung. In: Vorschulzeit. Handbuch für Eltern und Erzieher. Weinheim 1972, S. 9 - 21
Kiekeben, H.-H.: Versuche zum Umweltschutz. Weinheim 1977
Kirsten, R.E./Müller-Schwarz, J.: Gruppentraining. Reinbek 1976
Knodel, H./Kull, U.: Ökologie und Umweltschutz. Stuttgart 1974
Kolbe, G./Wurr, R.: Funktionsansatz und Situationsansatz in der Praxis des Kindergartens. Stuttgart 1981
Meadows, D. u. a.: Die Grenzen des Wachstums. Bericht des Club of Rome zur Lage der Menschheit. Reinbek 1979[2]
Meadows, D. u. a.: Wachstum bis zur Katastrophe? Stuttgart 1974, München 1976
Misereor Fastenkalender. Limburg 1979
Nikitin, B. und L.: Die Nikitin-Kinder. Ein Modell frühkindlicher Erziehung. Köln 1978
Päki: Jugendbücher zum Thema Umweltzerstörung - Umweltschutz. In: Jahrbuch für Lehrer 4. Hrsg. von J. Beck und H. Boehmke. Reinbek 1979, S. 313 - 317
Pestalozzi, H.A.: Nach uns die Zukunft. München 1979
Presse- und Informationsamt der Bundesregierung: Verantwortung für die Zukunft. Band 1. Bonn 1979
Richter, H.E.: Flüchten oder Standhalten. Reinbek 1976
Robertson, J.: Die lebenswerte Alternative. Wegweiser für eine andere Zukunft. Frankfurt 1979
Senckenbergische Naturforschende Gesellschaft: Umwelt 2000. Frankfurt 1973
Stange, W./Tiemann, D. (Hrsg.): Materialien zur sozialen Erziehung im Kindesalter 2. Heidelberg 1977
Strahm, R.H.: Überentwicklung - Unterentwicklung. Ein Werkbuch mit Schaubildern und Kommentaren über die wirtschaftlichen Mechanismen der Armut. Stein/Nürnberg 1978[3]
Strohm, H.: Natur kaputt? Ein Umweltbuch. Reinbek 1980
Strohm, H.: Politische Ökologie. Arbeitsmaterialien und Lernmodelle für Unterricht und Aktion. Reinbek 1979
Taylor, G.R.: Das Experiment Glück. Frankfurt 1973
Toffler, A.: Die Zukunftschance. Bielefeld 1980
Toffler, A.: Der Zukunftsschock. München 1974
Unctad Kampagne (Hrsg. von Arbeitsgemeinschaft der evangelischen Jugend in der Bundesrepublik und Bund der Deutschen

katholischen Jugend). Basisinformation. Stuttgart/Düsseldorf o.J.
Unctad Kampagne: Rohstoffpolitik (Studienheft 2). Düsseldorf 1979
Vester, F.: Neuland des Denkens. Stuttgart 1980
Vester, F.: Phänomen Stress. Stuttgart 1976
Weidner, B. und U.: Alternativer Lebensstil. Christsein mit politischem Horizont. Wuppertal 1979
Winkel, G./Gürtler, R.F./Becker, A.: Unterricht Umweltschutz. Umdenken und Handeln. Köln 1978

Weitere Literaturangaben finden Sie in: Buchempfehlungen der deutschen Lesegesellschaft 20. Zum Programmschwerpunkt '81 des ZDF »Unsere Umwelt«

Hans A. Pestalozzi

Nach uns die Zukunft

Von der positiven Subversion
1980. 224 Seiten. Kartoniert

Hans A. Pestalozzi hat in der von ihm aufgebauten und geleiteten »Denkfabrik«, dem Gottlieb-Duttweiler-Institut, manch heißes Eisen angefaßt. In dem international berühmt gewordenen Institut entstanden wesentliche Ideen für den Rest dieses und den Beginn des 21. Jahrhunderts. Pestalozzi hat seine Ansichten und Ideen nie verborgen, er hat sie an den Schalthebeln von Wirtschaft und Gesellschaft angebracht: beim Management und vor Erziehern. Das hat ihm zumindest die Bezeichnung eines Subversiven eingebracht. »Subversive«, d. h. neue, andere Möglichkeiten, zeigt Pestalozzi denn auch auf: zum Totalitätsanspruch der Wirtschaft, zum Fortschrittsbegriff, zum ungehemmten Wachstum. Demokratie und Rechtsstaat, Energie und Umweltschutz, die nachindustrielle Zeit, Sanfte Technik, Selbstbeschränkung als Gewinn, neue Lebensformen, soziale Experimente stehen zur Diskussion – und vor allem zur Ausführung.

Kösel